きみに働ける喜びを

知的障害者通所就労支援施設・虹の家園長
桐生清次の歩みと思想

川野 楠己 著

みやざき文庫 119

目次

第2部「人はみんな同じ命をいただいて生きている」

※写真は、特記したもの以外は虹の家の機関誌「虹のかけ橋」からの引用、及び虹の家からの提供によるものです。特定の個人の認定を避けるために一部を不鮮明にしたものがあります。ご了承ください。

きみに働ける喜びを

――桐生清次の歩みと思想

知的障害者通所就労支援施設・虹の家園長

第1部

はじける笑顔・働く喜び

通所就労支援施設・虹の家

1の章　笑顔あふれる「虹の家」の一日

「おはようございます」

「おはよう」

「先生、おはようございます」

「おお、おはよう。今日も元気だね」

「虹の家」と大きく車体に書かれた二十九人乗りのバスが到着する。つぎつぎと元気な声とともに利用者が降りてくる。

と、その隣に次の送迎バスが到着した。ドアが開くのを待ちきれないように元気よく飛び出してくる利用者。笑顔で出迎えた職員や園長を目ざとく見つけて、

「おはようございまぁす」

と抱きついている利用者もいる。

みな、まっすぐ前を向いて、職員にあいさつの声を張り上げ、お互い同士でも挨拶を交わしている。それぞれに潤いに満ち足りた健康な表情をしている。

「虹の家」本部全景。中央が本部棟、右手前がクラレ作業所

毎朝、一六〇人の利用者が集う

　毎朝八時半になると、利用者を乗せた二十九人乗り六台と九人乗り三台のバスが周辺各地からつぎつぎと到着し、園の玄関前の広場はごったがえす。

　ここは、長い海岸線を持つ新潟県の北部、胎内市にある指定障害者福祉サービス事業所（知的障害者の通所就労支援施設）・社会福祉法人七《なな》穂《ほ》会《かい》・虹の家の本部である。

　およそ七〇〇〇平方メートルの敷地に六棟の延べ床面積九六〇平方メートルの作業所が並び、隣接して株式会社クラレの作業所がある。平成元年（一九八九）に旧中条町の近隣旧七カ市町村（新発田市、豊浦町、聖籠町、紫雲寺町、加治川村、黒川村）の利用者を対象にしてスタートした知的障

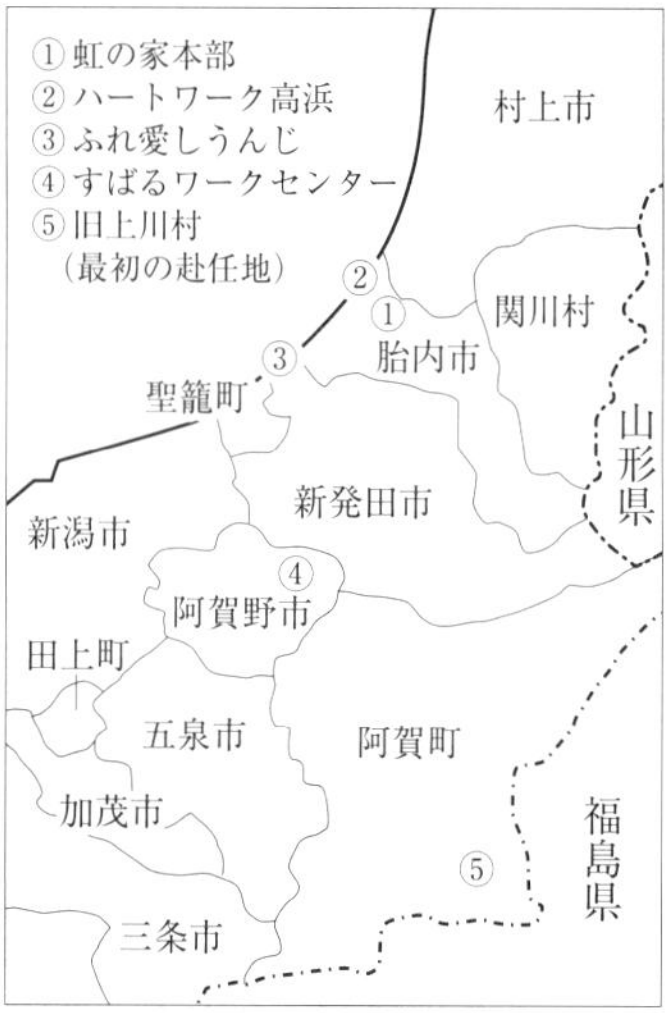

虹の家本部と分園の配置図

害者の就労のための通所授産施設である。

　毎朝、胎内市を中心に北は村上市、南は新発田市や阿賀野市などの周辺各地から、二百人近い利用者がいったんここに集まる。『虹の家』と『クラレ作業所』の利用者は本部建物に入り、七穂会傘下の『ハートワーク高浜』と『ふれ愛しうんじ』の職場に向かう利用者たちはそれぞれの施設に向かうバスにここで乗り換え再び出発していく。

　運転するのはシルバー人材センターから派遣されたベテランの人たち。朝七時前には虹の家に出勤し車庫からバスを引き出し点検を済ませると、それぞれの担当の各地に迎えに出ていく。

　利用者たちは朝、各地でこのバスがくるのをかなり前から立って待っている。バスの姿が見えると飛び跳ねるようにして両手を振り上げて合図してくる。

「夏はともかくも冬の雪の降るような朝でも、バスがつく十分も前から外に出て待っているんですね。ですからこちらも早く行ってあげたい気持ちで走らせていきます」

「元気で嬉しそうな顔をして乗ってこられると、こちらもうれしいですね。おもわず、おはよう！と声を掛けたくなります。逆に、姿が見えないとどうしたのだろうかと心配になって、家まで迎えに行くこともありますね」

虹の家がスタートしたときは定員三十人だったが、その後、入所希望者が多く、数回にわたり施設の増設を行い、平成二十四年から虹の家本部だけでも定員は六十人の施設になった。そして現在はその定員も超えて男性四十七人、女性二十七人、計七十四人もの知能の発達障害、自閉症、ダウン症、身体障害や精神障害などの軽度から重度までの人たちが通ってきている。それぞれ自己の能力と考えによって選んだ作業に真剣なまなざしで取り組んでいる。

連絡帳をもって「こんなことがあったよ」

毎朝こうして出勤してきた利用者は、旧中条町や新発田市などの中学校の支援学級や特別支援学校を卒業した人たちである。長年在宅していた人や離職した人たちもいる。実年齢は十八歳から七十一歳の人たち。年配の利用者もみな若々しくて年を感じさせない。知的な面で一部に発達障害や遅滞があり独自のテンポで自己の世界に生きている人たちである。したがって一般社会での健常者のリズムに同調するのが容易でない部分を持っているので、健常者と同じ職場で就労することが難しい人たちともいえる。

昭和五十四年（一九七九）まで障害者は就学猶予か免除されていたから、年配の利用者の中には学校教育を受けていない人も多くいる。文字を書く訓練をしていないので自分の名前を書くのも容易でない人もいる。しかし、どんなに重い障害を持っていても、どんなに年を取っていても、人間として一人ひとりかけがえのない命と人格を持っている人たちなのである。

バスから降りた利用者たちは、職員たちと大きな声であいさつを交わして各自の職場に入り身支度を整え、連絡帳をもって事務所にいる担任の職員のところにやってくる。連絡帳は家庭での利用者をめぐっての出来事など保護者からの連絡事項が書き込まれている。担任の職員にとってはその日の支援の在り方と健康を確認する意味での情報源になっている。

何人かは、奥に座っている桐生園長のところまで来て挨拶をする。櫛を片手に持って髪をとかしてくださいと毎朝最初にくる男性もいる。彼は一日の始まりが園長から頭髪を整えてもらうことにこだわりを持っている。一方、自分できれいに髪を結って化粧した若い女性は、「おお！きれいになったねーー」と褒められるのを期待して園長のところにやってくる。新しい服を着てきたときにはかならず見せにくる女性もいる。家庭で親たちと出掛けた時の楽しかった時間を思い出しながら報告にくる利用者。また家庭で気にさわった出来事や叱られたことを愚痴っぽく話にくる利用者もいる。

職員に対して利用者一人ひとりが心を開き信頼しているからこそ、こうして朝出勤してくると真っ先に接触を求めてくる。

園長の講話で朝のスタート

ひとしきり朝の慌ただしい時間の中で、短い会話を交わした利用者たちは、すっきりとした晴々しい顔で朝礼の始まる広い作業室に集まる。

毎朝九時に全体朝礼がはじまる。十五分前になると一番広い作業室にカーペットを敷き靴を脱いで各班ごとに並んで座る。履物がきちんと揃えて並んでいる。乱れていることは全くない。作業の内容にあわせて六つのグループにわかれている。

はきものをそろえると　こころもそろう
心がそろうと　はきものがそろう
ぬぐときにそろえておくと
はくときに心がみだれない
だれかがみだしておいたら
だまってそろえてあげよう
そうすればきっと
世界中の人の心もそろうでしょう

きれいにそろえた履物

この詩は、施設内に張り出されている。利用者は折に触れて目にしており自然と内容が心に届いている。作者は、長野市の篠ノ井文化協会を設立したほか、愛育活動やアジア難民救済事業を行った福祉事業家でもある曹洞宗円福寺の元住職、藤本幸邦（一九一〇〜二〇〇九）である。利用者たちの自治会組織の一つである『衛生委員会』の呼びかけで『掲示委員会』が掲示したものである。

朝礼の準備が整うと、園長が皆の前に立つ。司会当番の号令で姿勢を正し、「おはようございます」と全員が頭を下げて挨拶をする。と、採点当番の職員が、

「九十五点！　きちんと前を向いていない人がいました。元気が足りないみたいだな――もう少し明るく大きな声が出るはずだけどなぁ――もう一度！」

「おはようございまーす」

「よーし　一〇〇点だ」

百点と言われて利用者は納得し大喜び。はじめの頃は、歓声を上げたりガッツポーズをしたり、「本当は一二〇点欲しかったな」なんて冗談を飛ばす利用者もいた。

虹の家での一日は、こうして全員が集まった朝礼から始まる。

最初に園長の講話がある。およそ十分という時間に、ここでの生活体験が利用者にとって生き

毎日の朝礼では、桐生園長からの講話がある。
身ぶり手ぶりを交えての話に利用者は聞き入っている

ること、それは命を大切にすること。その命をその人なりに如何に幸せに生きるかということの大切さ。そして毎日みんなで生活する中でお互いに挨拶を大切にして仲良く生活することの素晴らしさを、繰り返しわかりやすく話していく。そして、虹の家で作業をすることが社会とつながっている、社会に役立っている大切な仕事なのだということを理解できるように、エピソードをまじえて具体的に話していく。

自分の力が働くという行為によって社会に役立つという自覚を持てた時に喜びに転化する。『働く喜び』を自分の手でつかむのだ。『働く喜び』を持つことは人生の最も重要な要素の一つであり、障害の有無にかかわらず、共通のテーマであるはずである。

園長の顔をじっと見つめて利用者は聞き入って

いる。終わると「ありがとうございました」と素晴らしい挨拶が返ってくる。

「今日もわたしはここにいる」

挨拶のあとは、全員の点呼が始まる。司会当番の利用者が前に出て一人ひとりの名前を読み上げると、大きな声で返事をする。お互いに元気でここにいることを確認する朝の大切な瞬間である。点呼で、自分の名前が読み上げられた時に、きちんとはっきり返事をすることにより、「今日もわたしは、いまここにいる」という存在の原点を意識する。

呼び掛ける当番の司会者は、名簿も見ないで一〇〇人近い（クラレ社員や実習生も一緒）全員の名前をつぎつぎと正確に呼び上げていく。呼ばれた本人は姿勢を正しはっきりした声で返事をかえす。そこには、自分の存在感を意識し、これから作業を始めるぞ！という意気込みを読みとることができる。名前は両親が、我が子の幸せを祈ってつけてくれたもの、親の愛がそこに結晶されている、感謝してはっきり元気よく返事をしようと日ごろから自治会から提唱されている。

朝礼でさらに大切なことがある。自治会からの報告や連絡である。自治会は虹の家の利用者の組織である。学校でいえば生徒会のようなもので、利用者たちで構成し、施設の運営すなわち利用者の施設内での生活の基幹をなすものである。

『生活委員会』『掲示委員会』『衛生委員会』『余暇委員会』『奉仕委員会』があり、自治会長・

朝礼での自治会からの報告。生活・掲示・衛生・余暇・奉仕の５委員会がある

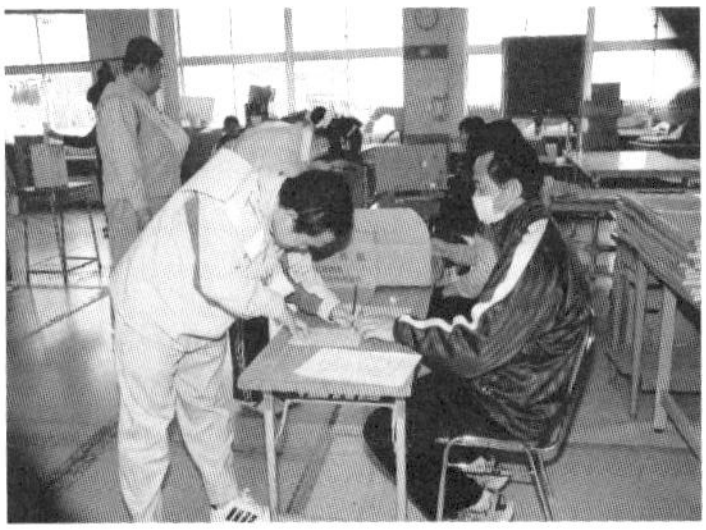

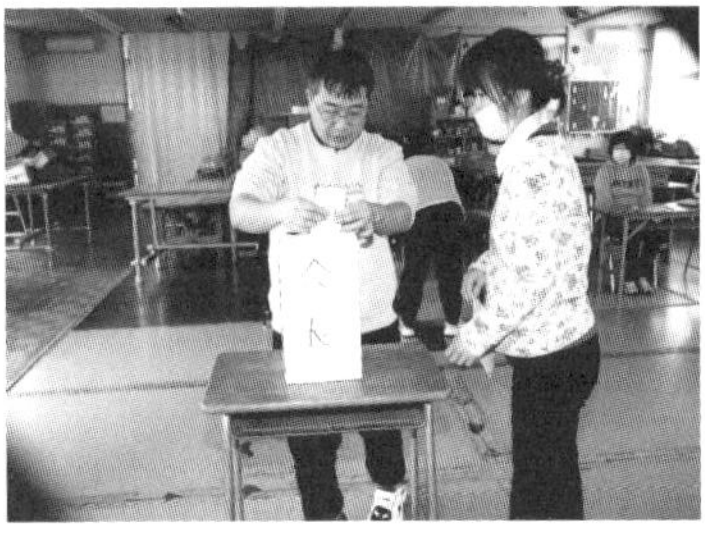

［上］自治会役員の選挙。立候補者は自分の名前を書いたたすきをかけて演説をする
［左］投票用紙の交付と投票風景

副会長と各委員会の代表が役員会のメンバーとなって全体の問題を話しあっていく。どの委員会に入るかは利用者本人が決め、委員会は委員長を選出し、自治会の会長、副会長は利用者の選挙によって選出される。

選挙期間中になるとポスターが貼りだされ、朝礼のときには候補者の演説もあり、応援演説もある。投票日になると会場をきちんと設営し厳粛なムードで投票を行い、その後選挙管理委員会の立会いの下で開票をする。不在者投票も行われる。

こうして選出された投員たちだからこそ、施設内での生活をより豊かに、そして円滑に過ごすためにそれなりの知恵と力を発揮する。『生活委員会』『衛生委員会』を中心にした清掃活動を見ると、「トイレは皆が気持ちよく使うためにピッカピカにしよう」と目的を掲げるとそれに向かって真剣に行動する。便器を素手で磨き始める人もでてくる。利用者たちは、手を抜く・怠ける・ごまかすということを全く考えずにいつも精一杯行動をしている。

今日も明るく　　元気よく
あいさつ返事　ありがとう
心はいつも　清らかに
励ましあって虹の家

みんな仲良く　手を結び
威張らず怠けず　助け合い
働く喜び　生み出して
自立を目指して　虹の家

いつでも笑顔で声かけて
多くの人に　愛される
奉仕の精神《こころ》忘れずに
光となろう　虹の家

（作詩／桐生　清次　　作曲／本間　繁）

朝礼のしめくくりは、虹の家の愛唱歌の合唱。時間がある日はラジオ体操もやって作業につく。

一日七時間を整然と

虹の家では日常的に行政や地域の企業などの協力によって、「電気部品、変圧器の組立作業」

作業風景。各自がそれぞれに合った仕事をしている

などがあり、さらに自家生産の作業として「陶芸作業」「手工芸作業」「農耕作業」などの仕事に従事している。

どの作業につくのかは利用者の希望によって利用者が決めている。その作業の中で、さらに自分にできる部分の作業を選んで進める。どんなに重い障害を持つ人でも、少しでも自分でできる作業があるはずである。自分でそれを選択し自分で責任をもって作業にあたっている。

利用者は、班ごとに分かれて作業棟に移動し、必要のある人は更衣室で着替えを行って自分の作業場所につく。一緒に朝礼を受けていたクラレ作業所の利用者二十人も作業棟に移る。

九時半から作業が始まる。一時間後の十時半から十五分間の休憩。十時四十五分から十二時まで午前の作業が続く。昼になると手を洗って

時刻	
8:15	職員出勤
9:00	登　園 朝　礼
9:30	訓　練 作　業
10:30	休　憩
10:45	訓　練 作　業
12:00	休　憩 給　食
13:00	訓　練 作　業
14:15	休　憩
14:30	訓　練 作　業
15:30	清掃・終礼 降　園
16:00	職員退勤
17:30	

昼食風景

厨房の作業風景

食堂に並ぶ。

　食堂では、調理当番の二人が早くから厨房に入り料理が盛りつけられた皿を利用者にわたす手伝いをする。利用者は、トレイを取り調理担当者が用意した皿に盛られた料理や小鉢の漬物をとり、ご飯に吸い物などを順に歩きながらトレイに受けて、テーブルに運び静かに食事を進める。食べ終わると配膳室に食器を戻して食堂を出る。その日の食器洗浄当番に充てられた四人は、下げられた食器洗いを手伝う。

　一時まで休憩である。各自がくつろぎのひと時を持つ。仲間同士三〜四人でトランプ遊びが始まる。塗り絵が好きな女性は無心になって色鉛筆を走らせている。天気の良い日にはひろい庭をぐるりと散歩する年配の利用者。行事が近づくと出し物の稽古を始めるグループもある。

　九月になると、胎内祭りに備えて民謡踊の稽古を始めるグループもある。余暇委員会が準備したラジカセから流れる曲に合わせて、手拍子を取り両手を上げて一歩前に、その手を振りおろし腰に回してグルっと体をねじって手拍子を打つ。みな曲のリズムに乗って輪になり、身軽に体を動かし踊りながら進む。ほんとうに愉しそうである。

　一時前になると、チャイムが鳴るわけでもないのに、みな整然と戻って作業台に座る。作業棟の入り口には靴を入れる棚がある。外履きと作業用の靴を履きかえて、脱いだ靴を棚に収めて部屋に入る。出入りが実に整然としている。履き替えた靴が、きちんと並べて置かれている。

午後は一時から作業が始まり二時十五分まで続き十五分の休憩。そして二時半から作業を再開し、三時半で終わる。今日一日の作業を整理し片付けをする。出来あがった品物をまとめる。使った道具を点検しきれいにして所定の場所に格納する。そして作業室をきれいに掃除する。

この間の作業の分担が見事にできている。命令される訳でもないのに作業台を拭き上げる人。床を掃いて散らばった残り滓を集める人。それぞれが黙々と身体を動かし明日の朝また気持ち良くこの部屋で仕事ができることを願って、作業の終わりを締めくくる。

各班ごとに終礼を行い、無事にきょう一日作業を進めることができた喜びを確認する。

シィー　ユー　アゲイン――一日の終礼

「虹の家」での作業のしめくくりの全体終礼は、毎日午後三時五十分から始まる。利用者たちは各作業班ごとの反省会を終えて朝礼を行った広い作業室に集まる。改めて全員の前で各作業班の当日の成果が発表され、担当職員による採点が行われる。

桐生も園長として随時巡回をして、気がついたことについて、どんな小さなことでも利用者たちに話をして、その労をねぎらい、さらに意欲を高めるように努めている。出張から帰ったある日の終礼ではこんなことを話していた。

「皆さんの様子を出張先から望遠鏡で眺めていました。園長先生がいなくてもしっかりと頑張っている姿がよく見えて感心しましたよ。みんなこころのきれいな人たちでしたね。みんな美男美女でしたよ」

そんな冗談も、目を輝かせて温かく受け止める利用者たちである。

「今日は一〇〇点をもらったので、うちに帰って祝い酒を飲ませていただきます」

「今日も一日楽しかった。明日も来るのが楽しみです」

利用者たちは笑顔でその日が終った喜びと、明日への希望で胸をふくらませる。虹の家のこころをみんなで唱和し、さらに「届けます無事故と安心　虹の家」をも唱える。

午後四時、利用者たちは帰り仕度をし、それぞれルート別の送迎バスに乗り込んでいく。『ハートワーク高浜』『ふれ愛しうんじ』の利用者たちも、この時間に合わせて戻ってきて乗り換える。玄関前広場から駐車場はまた大にぎわいとなる。園長はじめ職員全員が玄関へ出て利用者一人ひとりとあいさつを交わしている。

「今日はお疲れさまでした。明日も元気に頼みますよ」

中には「シィー　ユー　アゲイン」「サイツェン」などと言って、握手を求めるユニークな利用者もいる。朝と同様、笑顔があふれるにぎやかな時間。利用者たちのこころのすばらしさを見ることができるときである。

知的に遅れたダウン症の利用者もいるが、そうした利用者には他の利用者たちみんなが手を差

バスの見送り

し伸べている。休み時間や給食の時間も同様、一緒に付き添い、気を配り手伝っている。お手洗いまでも一緒に連れて行き、出口で待っている姿もある。そんなふうに手を貸し合って、バスに乗り込んで行く。

　全員がバスに乗り込んだことを確認すると、桐生はバスの運転手一人ひとりに声を掛けて回っている。「我が子を託す」ような園長の思いが伝わる。

　バスは一台ずつ駐車場を出て行く。職員全員は最後のバスが見えなくなるまで手を振って見送っている。これは業務としてではない。職員一人ひとりのこころからの行動である。

　これが『虹の家』と『クラレ作業所』の帰りの風景である。利用者たちと園長や職員との毎日はこんなふうに繰り返されているのである。

2の章　自分で選択し、自分で責任を持つ

胎内市は、新潟県の北部に位置し平成十七年（2005）に中条町と黒川村の合併により誕生し人口およそ三万三千人。東南部は、磐梯朝日国立公園に連なる飯豊山地《いいでさんち》がなだらかな稜線を描き、山間部の黒川地区と平野部の中条地区の間に日本一小さな山脈、櫛形山脈に属する山脈《やまなみ》が横切る自然豊かなところである。南端にある赤津山《あかつさん》（1408メートル）などを源に持つ胎内川がこの地区を蛇行する。

周囲の自然は、季節ごとに美しい表情を見せる。水芭蕉の群生地に春の色が溢れ、新緑のころには市の花・山法師が十字の白い花をみせる。秋は渓谷に紅葉が燃える。米・野菜などが豊かに稔り、牧畜が盛んで最近では畜産加工の工場に加えて、地ビールの製造工場も出来た。

一方、西北側は冬荒れる日本海に面し防風林が連なる中を国道113号がはしる。そこでは日本海への日没が、空を茜色に染めて見事な自然のページェントが繰り広げられる。そんな海岸線から三キロほど入った西条地区に社会福祉法人・七穂会の虹の家がある。

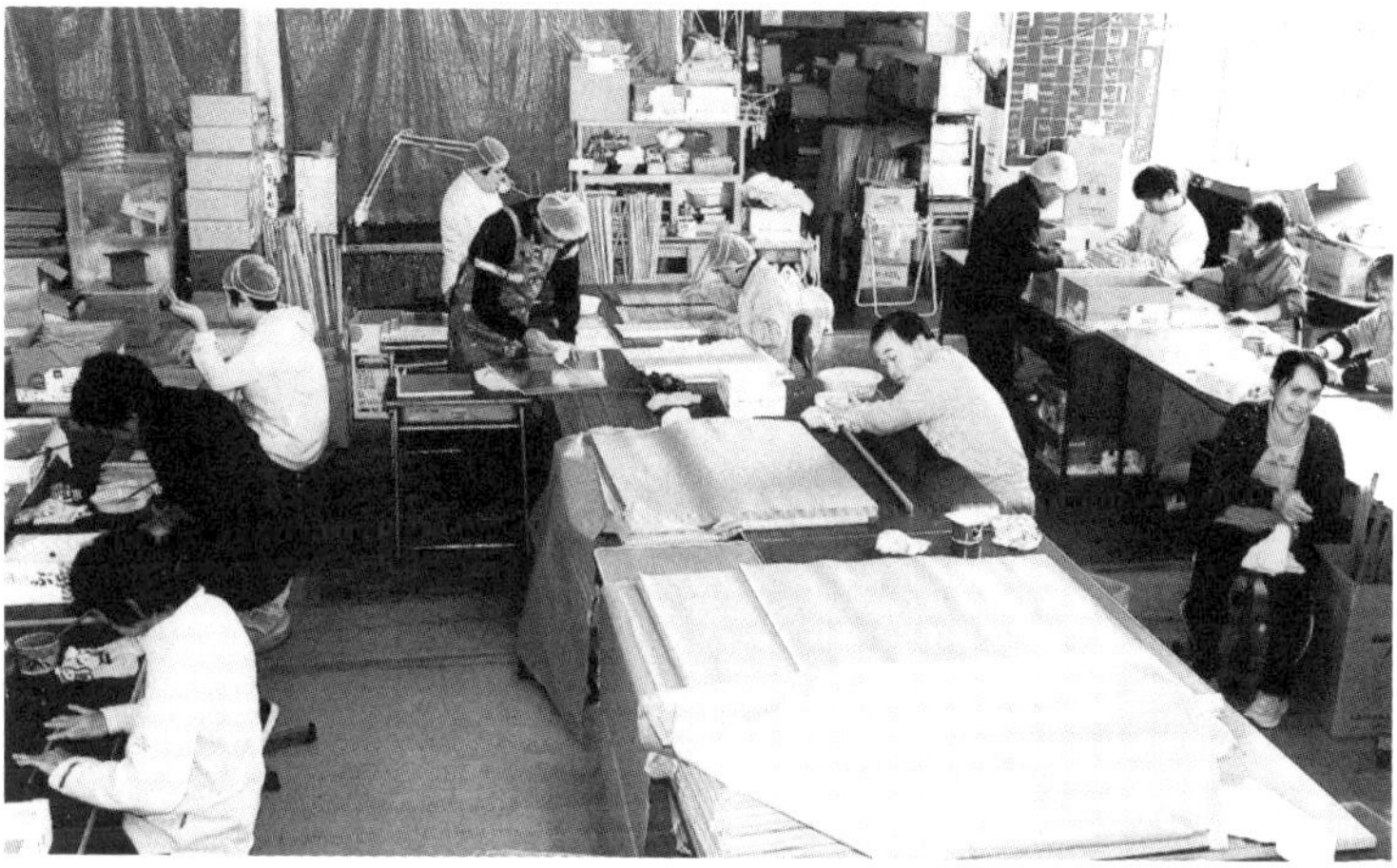

受託加工作業

作業はグループに分かれて

虹の家の利用者たちはどんな作業をしているのだろうか。

本部棟は敷地に入ってすぐに前にある鉄骨つくりの平屋建て六一〇平方メートルの大きな建物で、三角屋根のついた出入り口が二カ所ある。左半分に事務所と食堂と調理場がある。右側奥は利用者の作業室が並ぶ。

最初の部屋は学校の体育館のように広い。幾つもある作業台に向かって二十人が椅子に座って、各自がそれぞれの作業を黙々と進めている。部屋の手前にある広い作業台では小さな発泡スチロールの粒を袋に詰めて形を整える作業が行われている。

およそ幅二十センチ長さ五十センチのビニール袋を二枚重ねて二重にした中に商品名が印刷された

カラーラベルを入れる。計量機で計った七十二グラムの発泡スチロールの粒を袋にいれて機械にかけて空気を吸い出し、封をして平たく整形すると製品になる。梱包用のクッションに使われる。一台の作業台を囲むように袋を二重にする人。計量して中に入れる人。封をする人。プレス機で平らに整形する人と、素材の流れに従って並び、パートごとに分担して仕事をすすめている。

隣の作業台では、同じくスチロール樹脂製の小型のクーラーボックスの蓋の裏側に、取っ手になる紐を貼り付けラベルをつける作業をしている。個人個人の能力、運動機能に合わせて各パートごとに利用者がついている。

変圧器の電線をカバーする絶縁されたチューブを作っているコーナーもある。広げた新聞紙くらいに裁断された絶縁紙を、決められた内径の芯棒を軸にして、くるくる回転させながら巻きつけていき、最後に糊付けしてとめる。そして芯棒を抜くと一本の管ができる。これは高圧の電線を保護する絶縁管として使われる。だから均一にしかも空気の泡が残らないように巻かなければならない。

この作業は企業としては機械化すれば容易に生産することができる。だが桐生園長は三十年も前に福祉作業所を立ち上げたときから障害者の手作業に適した業務として受注してきたので、機械化せずにそのまま継続するように企業に要請してきた。企業側の理解もあって、今日までに、管の長さや内径の違いなど一四〇種類以上の絶縁管を作ってきた。虹の家の最大の業務になって

自分に合った作業、自分で選んだ仕事

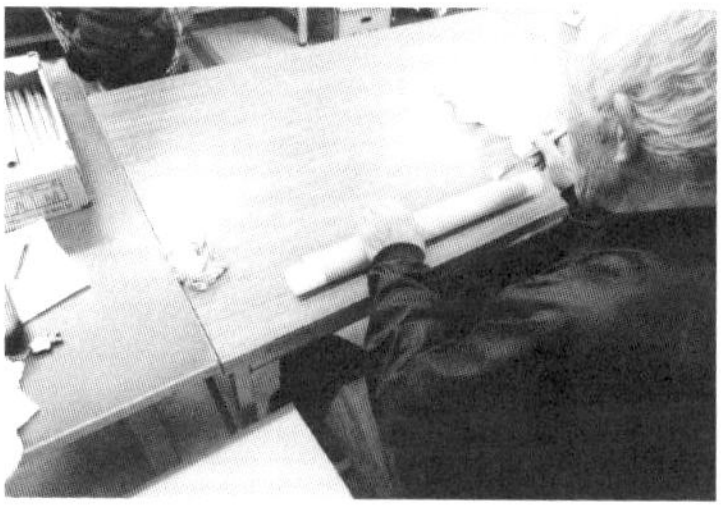

高電圧の絶縁パイプ

トランスの絶縁体製作

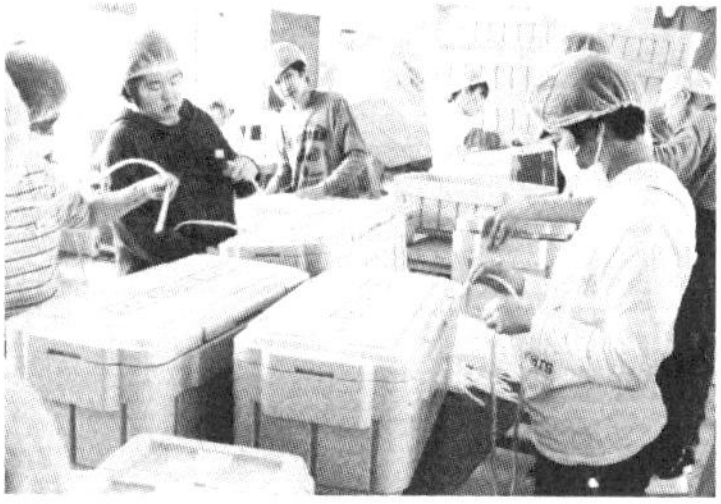

クーラーボックス組立作業

自動車部品の組立

いる。担当する重度の利用者は脇目をすることなく真剣に、それでいて、てなれた作業なので力むことなく手早く進めている。

隣接する和室は、十二畳の和室と手前にその倍ぐらいの板の間がある。ここではオーダー用のワイシャツ生地を折りたたんで店頭に並べる形に仕上げる作業が進められている。二着分に切断された生地が発注元から届けられ、それを定規を当てて折りたたみ、製品タグと値札を添えて透明な袋に入れ密封して出荷する。生地を汚さないように清潔な部屋で六人の利用者が仕事についている。

Yシャツ生地の包装

正月用品の袋づめ

別な部屋では、夏が終わった頃だというのに早くも、正月飾りのお供え餅に添える縁起物がまとめられている。末広がりと紅白の御幣、それに小さなプラスチック製のみかんを、それぞれ一つずつ合わせて袋に詰める作業である。担当の利用者は白手袋をして神聖さを汚さないようにしている。この作業は一年を通して続けられているという。

これらの作業室で気持ち良く働くために、エアコンが完備し利用者は個々にロッカーを持っている。私物を入れたり着替えなどを仕舞うのに活用している。

「困る困る大困る。でたらめすると大困る」（桐生清次作）

作業棟の廊下に判じ絵のような張り紙が出ている。ちいさな丸が二つ並び次に大きな丸。カタカナのメの字が半分欠けた文字、そして、大きな丸、小さな丸が横一列に墨太に描かれている。なんだろうか——一瞬考えさせられた。

小さな丸は小丸《こまる》（困る）。大きな丸は大困《おおこま》ると読み、「困る困る大困る。でたらめすると大困る」（桐生清次作）というのである。利用者は、廊下を通るたびにこの言葉を目にして呟くように自分に言って聞かせているのであろう——。作業の基本となっている。

さらに、近隣の企業からの要請で利用者数人が指導者とともに出向いて作業を進めている。

成果はちがっても報酬は平等に

隣接した作業棟では自主的な発想による生産活動が行われている。自家生産には、陶芸作業や手工芸作業などがある。陶芸作業室には、粘土をこねて空気を均一にする機械、ろくろ、そして大小二基の電気釜が備わっている。

これは平成六年桐生園長が着任した時に、胎内市や財団法人中央競馬馬主社会福祉財団、社団法人中央競馬新潟馬主協会、および日立製作所の労働組合などから多くの助成金をいただき、全部で二〇〇〇万円以上もかけて整備したものである。

それを使って平成七年には、町から敬老会の記念品の注文をうけて陶芸班十四人で、一カ月半で茶碗三二〇〇個をつくり、二三〇万円も収入を得た。

独特のデザインと釉薬によって市場価値の高い花瓶を作りコンテストで何度も優勝した重度の利用者もいたが、数年前に高齢のため老人ホームに移っていった。

市内の陶芸店の協力で毎年利用者たちの作品展も開催したり、道の駅に製品を並べている。今でも、時々注文があると、お客さんに喜んでもらえるような丁寧な製品を作っている。

利用者が本気で取り組んでいるだけに、お金では代えることの出来ない大切な作業である。中には一個一万円以上もする壺を制作する比較的重い障害を持つダウン症の利用者がいる。独創的なイメージをふくらました壺を創作する。その利用者は陶芸作業に十年以上も打ち込み、作品は人気があり高い市場価値を持つ。

他の人もカップや皿、小鉢など共同で仕上げている。自家生産の製品つくりは、他の部品つくりと違って仕上がりの結果がわかるので達成感が湧く。手工芸をやっている利用者が園長にこれを作ったなどと見せにくることがある。自己の価値を認められると満足感・充実感を味わうことができる。手工芸もまた素晴らしいオリジナルの作品を作り出す利用者もいる。

陶芸作業

陶芸製品

そこに生きがいを生み出している。人間が生きるということはどういうことか。命をどう生きるか。そのことの大切さを利用者から教えられる。人間はどんな重い障害者を持つ人でも、その人なりの才能を持っている。障害を持っている人は、ややもすると、その障害という枠の中に才能が埋もれてしまっている場合が多い。その埋もれた才能をいかに発見し、いかに引き出してのばしてやるか。指導者たちにはこの姿勢がもとめられる。できる、できないでその人を評価してはならないのである。利用者自身も自分ができる仕事についたときに生きがいを見出していくのである。

いろいろな作業の中から利用者が自分でできる仕事を選ぶ。学校で一人ひとりの能力にあった教材を工夫するように、施設でも一人ひとりの能力に応じた仕事を提供し、自分でその仕事にうちこんでいくことができるように指導することが求められる。自分で一生懸命打ち込んでいると、その人の命が生かされてくる。その人なりにプロ（専門家）になっていく。どの作業も検査をパスしなければならない。中途半端では済まされない。少しもごまかしは許されないのである。

どんな人でも創造的な才能を持っているはずである。したがって、この人はだめだということはありえない。虹の家ではだめな利用者は一人もいないはずである。病気でやめる人はいたが、虹の家に来ている人は誰一人自分の仕事がいやだとか、虹の家をいやでやめたいという利用者はいない。虹の家に入りたいという希望者が多くいる。日々入所の問い合わせや希望が寄せられている。来年春になるとまた五人の特別支援学級の卒業者の入所希望が寄せられる。

利用者のなかには障害の重いひともいる。それこそ一日作業を続けても報酬に換算することが出来ないような働きしか出来ない利用者もいる。同じように俸給を受けるのは不公平だという声も初めはあった。だがそこには、心が入っている。その人なりに一生懸命に働いているのである。障害の軽度・重度に関係なく、虹の家で働く人には、働く意志と作業に励む心がある。お互いがともに連帯意識を持って、不足部分を補いながら共に働いている。正直に生きている利用者なのである。そこにすばらしい心がある。

対等に報酬を得られる理由がそこにある。

仕事は目的でつながっている

虹の家は開所当初から作業にまったく困ることはなかった。行政や地域の企業のお蔭で、作業種目も作業量も多く寄せられている。

同じ胎内市内に工場を持つ大手化学企業の株式会社クラレの関連企業の小松化成から受注したパラグラスの保安紙はぎ作業やオプトの保安紙はぎ作業が沢山ある。この作業は昭和五十四年、福祉作業所を作ったときから始まっているもので、最近までこの作業が中心を担ってきた。

合成樹脂のシートには保安シートが貼りつけてある。必要な部分を裁断したあとに裁ち屑が残る。裁ち屑の合成樹脂は保安シートを取り除けば再び処理をして活用することができる。この再生作業は大切な資源の再活用である。利用者が喜んでやった虹の家での作業の中心である。ときには、一日に三十人ものボランティアが利用者と一緒に作業を進めてきた、小中高の生徒などを多く受け入れて協力をお願いしてきた。それでも作業は消化しきれないほど持ち込まれた時期があった。当時の小松化成の小松一夫社長の配慮で、作業前の品と保安シートをはがした納品の搬送を引き受けていただいたし、クラレ胎内事業所のおかげで、最近はトランス（変圧器）の電気部品の製作と、車の部品の組立作業が中心になった。季節によってはクーラーボックス作業もある。受注する仕事が多様化してきた。

大きく分類すると、作業は、トランス・変圧器関連部品の組立作業、発泡スチロール製品の組立、包装などの作業、ほかの電気部品の組立作業、自動車関連部品の組立作業。特定受託としては胎内市からの空きビンの選別分類作業、そして臨時または不定期の受託作業に、正月飾り用に印刷された御幣などを数種組み合わせて同封するセットつくり。などなどがあげられる。

指導に当たる職員は、利用者一人ひとりのために、能力・適性に合った作業を遂行することによって働く喜びを感じさせ、積極的に作業を行うために支援する。作業等の目的・重要性を理解し製品が社会に役立っていることを認識して安全な作業工程を組み立て、ロスのない完成品を仕上げることを援助するように心がけている。

自動車部品作業

電気部品の作業では、トランスの部品作業、他の電気部品、車の部品作業、それにデジタルカメラの部品作業、自動車の部品作業、特に車の室内にあるラジオや冷暖房のボタンスイッチなど。多くの部品の組立作業がある。

部品の組立は利用者が本気で打ち込んでやっている作業だが、始めたころには途中で帰っていく利用者もいた。そのために、その作業に興味を持たせて、何のためにするのか、今自分自身が行っていることが製品になった時にどこに使われるのか、どのように社会に役立っているのか、作業の目的を明確にして、利用者が理解して作業するようにしてきた。

例えば、電気の変圧器（トランス）の作業を理解するために、まず発電所の見学に出向く。発電所からの六六〇〇ボルトの電圧をトランスによって一〇〇ボルトに下げて、各家庭に電気が送られてくる仕組みを学んでくる。そのトランスの部品を虹の家では作っている。そこでまた、利用者を連れてトランスを製造している親企業を視察し、実際にどういう形で製品として成り立っているのか。自分たちの仕事がどういう形で役に立っているのか。等を学んでくる。そのことがわからないと、目的を持って働いていることにはならないのである。知ることは大切なことである。

ただ働いているだけでは本当の生きがいには繋がらないのである。みなそれぞれに目的を持って作業しているからこそ欲求が満たされ、毎日喜んで通ってきているのである。虹の家では作業に不適応を起こす利用者は一人もいない。家の人に給料を全額さしだす利用者もいる。お金の価値にのみ生きがいを見出している人は少ない。働くことの目的をはっきりさせることが生きがいに通じるのである。だからこそ、みな喜んでやっているのである。

農耕作業――育てる喜び・収穫に感謝

虹の家の作業棟の東側におよそ一〇〇〇平方メートルの広い畑がある。幾つも畝が切ってあり各列ごとに、ネギ、トウキビ、エダマメ、ナス、サトイモ、サツマイモなど季節に応じて栽培されている。本格的なトラクターも利用される。肥料は畑の隅に落ち葉や調理場から出た野菜くずなどを積み上げて有機肥料を作り、それぞれの畝に与えられている。

二人の農耕担当の指導員と各班から出た農耕好きな希望者らが常に見守り、季節の移ろいに合わせて種まきから収穫まで育て上げて、毎年、胎内市内の学校給食、虹の家の昼食に利用されている。

利用者が作物の育成を通して、育てる喜びや収穫の喜びを体験して命の大切さ・感謝の心を育て、仕事に対する責任感をはぐくむ。と同時に利用者が個々の能力・特性に合った作業を担当することにより自信と意欲を持たせるように支援を行っている。

農耕作業。全員が揃ってのイモ掘り

サツマイモなどは、秋の収穫祭を行って利用者全員が共同で、イモ掘りを楽しむ。サツマイモの繁った葉を刈り取った後、利用者たちは両手に厚い手袋をして畝に両手を突き刺すように差し込んで太ったイモを探し出す。声を上げて引っ張ると、つぎつぎとイモが繋がって出てくる。土を掘り起こし大きく育ったサツマイモを掘りだして喜び歓声を上げる。

ネギなどは有機栽培で、味が良いので、豊作のときには胎内市の学校給食にも利用される。

これらの農耕作業を通して農作物の成長の過程を認識し、そのために必要な作業工程を正しく理解すること。農機具の正しく安全な使い方を修得し怪我などの無いように常に利用者に注意を促している。

全員で取り組む空きビン分別作業

虹の家の利用者は人数が多く、各作業班に分かれているので、一緒に作業する機会が少ない。そのために全体作業がどうしても必要になる。全体作業は作業を通して仲間同士の連帯感を養う大切な時間になる。空きビンの分別作業は、毎週一回利用者全員で行う目的にかなった作業なのである。

平成六年桐生園長が着任した翌年の六月、北蒲原郡十町村長会を虹の家に誘致して開いた。そして実際に知的障害をもった利用者の作業現場を見学する時間をつくった。すると行政の理解の仕方が違ってきた。そのときに、旧中条町から空きビンの分別作業を受注できたのである。中条町長の理解を得て年間二〇〇万円で虹の家に委託されたがその額も現在では三五〇万円になっている。その結果、市の回収処理にかかる経費を削減し、虹の家でも受託費を受けることができ、さらに回収業者も手間を省くことができた。まさに一石三鳥の効果をもたらしたのである。

虹の家では、この空きビン分別作業だけは、施設の利用者全員が作業棟の前の庭に出て行うので、お互いに声を掛け合い笑顔で交流が生まれる。今では利用者に指導員が指示をしなくても各自が作業の分担を心得ており、自己判断でそれぞれの仕事をこなすようになった。平成七年に広域事務組合から隣接する土地三二〇〇平方メートルを無料で借用できたので広々としたところで作業が進められている。

毎週一回、胎内市内の家庭から出た空きビンが、各町内にあるゴミセンターに集められ、廃品回収業者によって約五百箱に詰められて、月曜日の朝九時に虹の家のひろい庭に運び込まれてくる。それを待っていたかのように利用者たちが一斉にとりかかる。

虹の家の利用者にボランティアが加わりおよそ一二〇人が本部棟の脇の広場に出て空きビンの区分け作業が行われている。箱から一本一本ビンを取り出し、透明のもの、グリーン色のもの、褐色のビンなどと、色別に仕分けをしている。ビールビン、酒ビンは決められた場所に纏める。これらはそのままビール工場などに戻され活用される。ジュースや、しょう油、みりんが入っていた小型のビンはガラス工場に送られて新しいビンに生まれ変わるための材料になる。

色別、大きさ、形別にそれぞれを選別、区分けして箱に詰める。力持ちはたくさんビンが入った箱を運んでくる。透明のビンの係りは透明のビンだけを選び出す。褐色担当はビールビンや酒ビンを選び同じ大きさのものをそろえて箱に入れる。

ビール会社のビンを入れる黄色のプラスチックのケースはここでも使われる。空き箱を運んでくる人。そこに集めたビンを入れる人。いっぱいになった箱を出口に近い決められた場所に運んで積み上げる人。指導者がいるわけでもない。皆がそれぞれ命令されたわけでもないのに、自分の力と処理能力によってそれぞれができる作業に没頭している。夏は飲み残したジュースビンに

空きビン作業

終わってから全員で掃除

蜂が入っていて飛び出してくることがある。蜂に刺されないように、大声でほかの人に知らせて注意をよびかける人もいる。

　この作業はボランティアなどの協力もあって一時間ほどでおわる。利用者全体が、同じ目的を持って作業を進めてそれを達成する。作業を通してお互いに持ち分を決めて仲良く進める。自分のしていることが、この大勢で進める作業の一端を担っているのだという実感と充実感を味わい、そこから湧いてくる喜びをかみしめている。みな嬉しそうである。

自分たちも社会に貢献しているのだ

春は敷地の隅にある桜の花びらが舞う。夏は終日蝉が止まって鳴き声を上げて作業をみまもる。どんなに寒い日でも夏の暑い日でも、文句を口にしたり、嫌がって作業を放棄する人はいない。真夏の炎天下でも、冬、雪の積もった中でも、みな楽しそうに進めている。危険なところでは職員もついて一緒に仕事をしている。

作業を通してお互いに理解し仲良く生活する上では、この全体作業はとても大切な作業となった。この作業も受け入れた当初は面倒がる利用者もいた。嫌がって雨雨ふれふれと唄う利用者もいた。しかし今はそんな利用者は一人もいない。誰一人文句を言う人はいない。みな喜んでやっている。地球上の資源は有限であるから再活用しようということを理解したうえで、みんなが力を合わせている。一緒に力を合わせて作業することによってお互いに協力性が育つのである。

初めは三〇〇〇万円かけて作業棟をつくり機械化することも考えたが、当時の熊倉信夫中条町長とも話し合って一緒に作業することに意義があることを見出したのである。ただ単に委託金を得るためにだけ空ビン作業をしているのではない。虹の家に来て働くということは、自分たちも社会に貢献しているのだということを利用者本人も理解したうえで、作業をしている。ボランティアに来て初めて空きビン作業する人は、まさか虹の家の利用者が空きビンの分別作業をすることなど、知らなかったといい、先日ボランティアに来た人が、虹の家での空きビン作業はすごいなあといって驚いていた。

一人ひとりが自分にできることに努力しているのである。それぞれが自分の力に合わせて働く。誰一人として仕事ができる、できないで区別・差別をする人はいない。毎週、必ず回収された空きビンを業者が運んでくる。分別された空きビンや空箱はきちんと整理して置くと、業者が来て持っていく。

お盆、正月やお祭りなどのときは、特に空きビンは多くなる。そのときでも、ビンの中に飲み残しやごみが入っていても誰一人文句もいわずに、分別している。普通の人なら愚痴の一つも口にするが、虹の家の利用者たちは、「奉仕の精神忘れずに　光となろう虹の家」という愛唱歌にもうたっているように、社会のために貢献しているのだという奉仕の精神が作業を通して、利用者に身についているのである。そこに心があるとわかったと、ボランティアにきた人はいう。障害が軽い重いに関係なく、素晴らしいことができる証である。

3の章　本人の立場にたってサービス精神に徹する

――桐生清次と通所就労支援施設・虹の家

虹の家は平成元年四月一日、胎内市の現在地の社会福祉法人七穂会によって、知的障害者福祉法第二十一条の七に基づく知的障害者の通所の授産施設として、当時は定員三十人で開所した。

その原動力となったのは桐生清次のまいた種である。一教師の発想が現実の形になるまでの時間と経費はかなりの量になった。

昭和四十五年中条中学校の特殊学級の担任になった桐生は、障害児のケアーを天職と受け入れ、特に知的障害児の卒業後の就労による生きがい作りに教員として励んできた。中学校の特殊学級の生徒たちは、在学中は通学するという日々の目標があったが、卒業すると多くの生徒は行き先の働く場がない。一度、就労することができても長続きせずに戻ってくるケースを多く桐生は見てきた。

彼は堪えられなかった。どんな人間でも明日に希望のないひとは存在してはならない。保護者たちと連携して就労の場を立ち上げた。昭和五十四年四月、卒業した教え子で就職できない障害の重い子や離職した子たちもいたので、集会所の一室を借りて五人の子供を集めて毎週一回の作業を始めた。資金はなく助成金は一年以上の実績がないと出ないので、二カ月後の六月からは保護者の作業場を借りて小松化成という地元の企業から仕事を出してもらった。

翌五十五年、桐生たちの働きかけで、通所援護事業の中条福祉作業所が発足した。そして、六十三年十月には、七カ市町村（旧中条町・黒川村・紫雲寺町・加治川村・聖籠町・新発田市・豊浦町）の行政の協力のもと、社会福祉法人七穂会が組織され、翌平成元年四月に虹の家として定員三十人の事業を推進するようになった。昭和五十四年に桐生が保護者の作業場を借りてスタートして十年後であった。

その虹の家に桐生が園長として赴任して二十二年間、平成二十七年現在、七穂会は本部虹の家を胎内市に置いて、自立訓練（生活訓練）十二人・就労移行支援六人・就労継続支援B型四十二人・計六十人の定員を擁しているほかに、すばるワークセンター・ハートワーク高浜・ふれ愛しうんじの三カ所の作業所を擁し全職員六十一人の指導支援により総勢一七三人の知的障害者の働く場を提供している。（十四頁　虹の家本部と分園の配置図参照）

障害の程度・年齢にかかわらず受け入れる

ここでいう支援の形態は以下の三コースに区分けされている。

生活訓練は、利用者が自立した日常生活または社会生活を営むことができるように生活能力の維持・向上のために必要な支援・訓練その他を行う。

就労移行支援は、一般企業等に雇用されることが可能と見込まれる者に対して、利用者が自立した日常生活または社会生活を営むことができるよう生産活動その他の活動の機会を通じて、就労に必要な知識及び能力の向上のために必要な訓練その他を行う。

就労継続支援B型は、一般企業等に雇用されることが困難であって、雇用契約に基づく就労が困難である利用者に対して、自立した日常生活または社会生活を営むことができるよう就労の機会を提供すると共に、生産活動その他の活動の機会を通じて、その知識や能力の向上のために必要な訓練その他を行う。

桐生は障害の重軽度や年齢にこだわることなく受け入れたので、虹の家には、いろいろな障害、いろいろな体験をしてきた利用者がいる。養護学校を卒業して企業にやっと就職できたのに長続きできず辞めてきた人、不況で企業の倒産やリストラにあって離職した人。離職し経済的に困窮し満足な食事もできないでいた一人暮らしの男性。一人暮らしの不安定な生活で、欲求不満が募り、問題を起こし警察沙汰になった人。両親に可愛がられすべて親の介護の中で育ったために両親が亡くなると五十歳すぎているのに自立できずにいた女性。などなど在宅の知的障害者の悲惨な現実の姿に胸を痛めてきた。

桐生は、働ける限りは虹の家で笑顔のある生活をして欲しいと願ってきた。一人暮らしは食事をはじめとする健康管理ができないので虹の家に来るようになり健康診断の結果糖尿病を患っていることがわかった人もいた。サラ金から金を借りた結果、逃げるように虹の家に来た利用者もいた。入所施設に三十六年間もいたのに、できることもさせられず何もしないできた人は働くことができる生活に、明日への期待が持てるようになった、虹の家に来て良かったと語る。

今は、利用者としてみなと一緒に作業をして健康管理にも気を配り、心身ともに安定して生活が大きく変わったという人もいた。虹の家にきて健康を取り戻した利用者は何人もいた。

桐生は、様々な知的障害者の赤裸々な人間性を見つめてきた。そこにあるものは、輝く命を誰でもがみな持っているということである。その命をその人なりに、いかにして幸せな生き方をして輝きを引き出していくのか。桐生は常に本人の立場に立った考え方を求めてサポートしてきた。だから桐生は、自分の前を通過したほとんどの知的障害者の障害の度合いを確認し記憶し、多くの人たちに助言をあたえてきた。

桐生によって隠れた才能をみいだされて、本人の生活が一変した利用者も多い。それは障害者に対する桐生の人間愛なのだろうか。桐生には、障害の差があってもみな平等の輝く命を持っていることを母に教えられた、その理念が深く根づいているのである。

障害者福祉サービス事業所として

日本は、昭和三十年代から高度経済成長を遂げてきた中で障害者福祉は国際的に遅れをとっていた。昭和四十六年に国連総会で「精神薄弱者（現・知的障害者）権利宣言」、そして五十年に「障害者の権利宣言」が採択された。権利宣言では障害者を一人の人間として尊重し、基本的人権の保障と発達（必要なサービスを受ける権利の保障。一般社会の中で暮らす権利の保障）が提唱された。平成五年に「障害者基本法」が成立し、十五年には「社会福祉基礎構造改革」の推進が叫ばれ十七年に『障害者の日常生活及び社会生活を総合的に支援するための法律』通称・略称『障害者総合支援法』が成立した。

それまでは、行政主導型の措置費によって障害者を施設に送り込んでいた。措置費とは福祉施設を利用する障害者や高齢者などの福祉の措置に要する経費で、利用者のサービスに必要な職員などの人件費、施設などの維持管理費、直接処遇に要する生活費などの事業費などが含まれている。国が二分の一・県が四分の一・自治体が四分の一を負担してきた。障害者施設の運営の基礎的な財源になっていた。

障害者の福祉施設への閉じ込め式の処置による処遇であったものが、障害者総合支援法によって地域社会の中で在宅でケアーを受け契約による主体的な生活を甘受できるようになった。

身体障害者、知的障害者が必要に応じて市町村から各種の情報提供や適切なサービス選択のための相談支援を受けて、利用するサービスごとに支援費の支給を受け、事業所との契約に基づいてサービスを利用できる制度として発足した。当然、福祉施設もサービス事業所として障害者自身の意思が尊重され、主体的な生活を実現するために自由に選択したサービスを受けることができる場所、という考え方に大きく変わってきた。

虹の家も時代の流れの中でより良いサービスを十分に提供し、利用者が満足できる環境の中で一人の人間として働き、命に輝きをもたらす施設にならなければならなかった。利用する障害者が楽しさと充実感を味わってもらえるように、虹の家もサポートする施設にしていかなければならない状況にかかわっていった。

施設の運営の真の目的とは何か。桐生の場合は、施設を利用する障害者の日々の生活に潤いと喜び、そして、明日への期待を抱かせるため、ということができる。

そのために運営者は数億円という巨額の資金を調達して、建物を建築し障害者の豊かな生活環境の整備に努めなければならない。資金の調達のためには公的な助成制度もあり、いくつかの資金援助のための財団もある。その手段を研究し、準拠した法的手続きをしたうえで当該財団に対し陳情。説得の活動を経なければならない。

こうして得た資金により施設の設置が可能になり建築が完了して初めて障害者を迎えて、本来の目的の運営が始まる。と同時に一方で調達した資金の返済のための備蓄も始めなければならない。

福祉行政も根拠となる法律がつぎつぎと進展し時代の流れに即応した考えが取り入れられて変わっていく。法文の解釈の仕方を研究する一方で法改正の動きに気を配らなければならない。法の施行とともに条文の研究は勿論のこと、条例、通達、談話に至るまで、常に運営者は気を配っていなければならない。一人の障害者に充実した福祉環境を整備し笑顔の日々を提供するために運営者・桐生は、背後に大きな荷を背負っているのである。

桐生は、昭和五十六年新発田市本丸中学校に移りひきつづいて知的障害児の教育支援に取り組んできたが、平成六年二月末日定年となり教職からはなれることになった時、虹の家に園長として迎えられた。

発足して五年を経ていた虹の家は、桐生にとって知的障害者のための就労の場とは考えられない状態だった。かれは、園長として改革を断行せざるを得なかった。

桐生は、後に協力を受けることになる、胎内市に工場を持つ株式会社クラレの二代目経営者大原総一郎の「我が国の精神風土に根ざした新しい可能性を探り開拓精神を重んじ、人間尊重の精神と地域への貢献を進める」という経営理念を学び考え方に同調して、虹の家の運営の基本を打ち出した。

①サービス精神に徹する。

利用者が何を考え、何を望み、何を求めているか、利用者、保護者、地域に対する最善のサービスをすることが大切である。

②創意工夫と努力をする。

常に人間にかかわる施設職員として、たとえ困難に遭遇しても常に信念を持ち、創意工夫と努力によって困難を克服していくこと。

③ノーマライゼーションの実現に、フロンティア精神を持つ。

どんな事態にも適応（順応ではない）し対処していく、旺盛な意欲と自由な弾力を持つこと。

④地域への奉仕活動を積極的に行う。

利用者が地域の光として自分たちにできる社会奉仕をする。

桐生は、骨太の丈夫な体を持ち、粘り強い精神と大きな理想を抱いている。人間として生を受けた以上、生きがいのある人生、尊い命を大切にして人格を持った人間として生きるべきであるという信念を持っている。それはすなわち人間愛である。人間同士は愛情豊かなふれあいの中で生活する。これこそがノーマライゼーションの社会である。障害者も健常者も共に豊かな心で生きる社会の実現が桐生の人生を貫いている。学び、研究した心理学が彼の論理を支え、知的障害者の就労・雇用に邁進させている。

虹の家の利用者たちは、彼を慕っている。桐生もまた、レクリエーションの場では、わずかな酒に酔い利用者と肩を組んで踊り、歌う。利用者との触れ合いのなかから、桐生は知的障害者の真の姿と心を読みとっている。

現代の知的障害と作業環境

一般に知的障害と言うと、知的発達障害を言う場合が多い。知的障害者福祉法では「知的障害者の自立と社会経済活動への参加を促進するため、知的障害者を援助するとともに必要な保護を行い、もって知的障害者の福祉を図る事を目的とする。」と第一条に規定し、「すべての知的障害者は、その有する能力を活用することにより、すすんで社会経済活動に参加するように努めなければならない。」と同条の二項で定めている。しかし同法では知的障害に関する明確な規定は記載されていない。

知能や精神機能の発達の遅滞が十八歳までに現れ、社会生活能力に支障を生じているため、何らかの特別の援助を必要とする状態にあるもの。その他、知能指数＝ＩＱが七五以下という一応の規定がある。

知的発達障害でもいろいろな発生要因やいろいろな障害がある。知的発達障害は、さまざまな原因により生じた知能の発達の遅れた状態で、発生のメカニズムが昔と大きく違ってきたと言われている。最近は、医学の発達、文化的な生活の変化、社会環境の変化などによる部分も多いと考えられている。今とちがって医学が進んでいなかったこともあるが、昔は遺伝的な要因もあり、文化的環境要因なども八〇パーセントを占めていた。その他の要因もいろいろな原因が考えられるが解明されていない。虹の家に通って来ている若い利用者の中には、テンカンなどの軽い障害者もいる。

知的障害者を迎える虹の家としては、まず第一に職員自身が障害の種類を知り、その対策を十分に理解しておく必要がある。桐生は障害の種類を把握するために職員の研修用の資料をまとめている。次にその要旨を引用する。

テンカン

テンカンは脳に何らかの原因がある。脳内の神経細胞を流れる生物電流の異常発生によって起きる発作を持つ慢性の病気の一種である。

脳は常に一定のリズムをもって電気を出している。このリズムに異常がおきると(普通五十マイクロボルト)一時的に強い異常放電が起きる。これがテンカンである。一時的に起こって一時的に消えて行くのがその特徴である。

テンカンの形は脳のどの部分に異常放電が起こったか、起こる部分とその広がりで形が違う。

例えば、運動感覚部分や脳の全体的に起こる大発作テンカン（突然の意識喪失やけいれんを起こす。手足を引き付けて泡をふいて倒れる）が一番多いが、これはテンカンの一種類にしか過ぎない。この他に数秒間意識を失う小発作テンカンがある。

子どもの場合、数秒間意識を失っているが、テンカンと気がつかない場合がある。精神活動をつかさどる部分に発作が起こる一時的な精神発作もあり、これは精神病でなくテンカンの一種である。失立発作（崩れるように倒れる）、まぶたや腕などを急にびくつかせるミオクローヌス発作などがある。

テンカンがあるためにしてはならない仕事はないが、単独では危険な仕事もある。いつ発作が起きるか不安があるので助け合う職場のチーム作りが大切である。薬を飲むと発作が残っていても脳波が正常になる場合もある。成人期になるとホルモンの関係で強くなる場合と逆に弱くなるケースもある。

テンカンは治っていく病気である。テンカンは特別な性格を持った人という誤った見方をするために、本人はさらに劣等感をもって、悩み苦しむという二次障害に陥る。周囲の人が気を配り援助していく必要がある。

ダウン症候群

胎生早期の発達異常ダウン症候群。染色体異常のうちの代表的な疾患。

今から約一五〇年前、一八六六年にイギリスの内科医ダウンによって記載された。重、中度の知能障害を伴う。一見してすぐにわかる顔に特徴がある。主な症状は精神、言語、運動などの発達遅滞があり、初期には言語発達遅滞や運動能力の遅滞が目立つ。

現在は一〇〇〇人に一人の割合で生まれている。高齢出産になるにつれて多くなる。ダウン症候群は出生直後から診断が容易であり、早期治療や訓練ができ、療育が早期にできる。予想される合併症も知られている。現在、日本での平均寿命は五十歳をはるかに超えている。

自閉症候群

自閉症はドイツの精神医学者ブロイラー博士が大人の精神分裂病患者に特徴的な「とじこもり」に似た症状として名付けた。医学的な「症候群」としてはっきり認められたのは一九四三年アメリカの精神医学者カナー博士によって発表された。

カナー博士は幼児性自閉症として、十一人の子どもに共通にみられる症状として次の五項目をあげた。

①人生の初期から人や状況に対し、普通の方法でかかわりを持つことができない。
②コミュニケーションのために、言語を使用することができない。
③同一性保持（いつまでも同じ状態でいる）のために、強い固執性をもつ。
④物に対する異常な執着。

⑤良好な認識能力。

①は対人関係の障害であり、人生の初期から、生後数カ月の間に発症する。大人になって一時的に起こるのではない。ただし、症状にはかなり個人差があるために定義は非常にむずかしい。

自閉症の原因の解明が進んできている現在、一般にM・ラターによる、次の四つの基準が満たされることが診断の条件になっている。

①生後三十カ月以内に発症する

②社会的発達に障害がみられる

③言語発達の遅れと偏りがみられる

④同一性への固執が見られる

これらは心因性から器質性（脳の障害）の、いくつかの共通する行動特徴を持つ一群の子どもたちである。

これらの中で、こだわりが強いという行動の特徴を利用してできる仕事につくと、集中して一般的知的障害者の何倍もの仕事を成し遂げる。特に自閉症や重い障害の利用者には、その人に合った仕事を与えることが大切になる。

利用者中心の運営

虹の家が毎年作成する事業計画書がある。利用者の人格を尊重し、利用者中心の運営を行うために事業計画の基本となる運営方針を掲げている。平成二十七年度版には次のように記載されている。

1．運営方針

1　虹の家は利用者の人権と人格を尊重し利用者中心の運営を行う。またノーマライゼーションの理念のもとに、保護者と行政や地域社会の人たちとともに利用者の個性の尊重と、自立を支援し地域社会の推進を図り共生社会の実現に努める。

2　このため職員は常に研修に励み、人間性と専門性を高め、知・情・意の調和のとれた人間として、利用者に深い愛情をもって支援し援助に当たる。さらに、実践的な計画とチームワークによって、かけがえのない命を大切にし、一人ひとりの利用者の発達と可能性を最大限に伸ばすように努める。

3　また、利用者の主体性や自主性を尊重し、地域と共にある事業所を作り、奉仕活動の推進と生活や作業を通して、利用者が社会の一員であることを自覚し、人間として生き、地域の光として、生きがいのある生活を保障する。

4　さらに、利用者の支援（サービス）に力を入れ、一人ひとりの利用者のニーズを十分把握し、利用者の年齢や障害の程度に関係なく利用者が心身ともに健康で働ける間は虹の家で働き、地域生活の推進と安定のためにグループホームを作り、可能な限り地域企業への就労を勧める。

5　利用者が生きがいのある生活を保障するために、利用者や保護者の意見を十分尊重し、保護者懇談会や相談支援を積極的に行う。また、行政や地域の企業と提携し新しい作業の開拓により、工賃倍増計画を進め、事業所経営や事業所運営の変革の推進を図る。

2. 運営の重点項目

(1)職員は利用者の人権と人格を尊重し、利用者を温かく受け入れる。
(2)利用者の健康管理と安全確保を図り、交通安全教室を実施し、事故防止に努める。
(3)作業は利用者に選ばせ、努力の過程を重視し自立を支援する。
(4)利用者の自治会活動と職員のチームワークにより、快適な生活環境を作る。
(5)職員は専門性を高めるため、常に自己研修に努める。そのため、毎月、全職員による研修会、生産活動支援会議、生活支援会議、問題を持つ利用者のケース会議など、さらに事業所外研修や外来講師を招くなど研修を実施する。
(6)保護者や地域の人たちによるボランティアを受け入れ、また、利用者の地域への奉仕活動も積極的に行う。

(7)地域との相互の交流をはかり、陶芸教室などの共同作業を実施する。
(8)共生社会の実現に、相談支援の充実を積極的に進める。
(9)行政や地域企業との信頼を高め作業内容の充実を図り、作業各班の連絡調整をさらに進める。
(10)行政や地域の人たちと共に、利用者の自立と社会参加（共生社会の実現）に努める。
(11)利用者の就労支援と入所希望者を受け入れる。
(12)個人情報保護や苦情解決に努める。
3．今後さらに努力すべき事項
(1)グループホーム作りを進める。
(2)新規作業の開拓によって工賃増計画をさらに進める。
(3)その他。

来る人、拒まず

以上の虹の家の基本方針と運営方針の展開について、その時代背景も含めて、桐生は次のように語る。

自席についた桐生園長

――平成十五年度からは、福祉基礎構造改革により行政の措置費が支援費制度に変わり、利用者が施設を選ぶことができるようになり、利用者は六十人になりました。ところが平成二十年度からは、定員外五〇パーセントを受け入れても良いということになり、今では七十人以上の利用者が通ってきています。

したがって、どんなに重い障害の人たちをも虹の家では受け入れ大切にしています。知的障害にこだわらず、平成十五年からは精神障害者も実習生として受け入れました。平成十八年まで三障害（知的障害者、身体障害者、精神障害者）を一緒に受け入れることはできないことになっていたのを虹の家では法律を乗り越えてきました。

問題を起こした利用者でも年齢にも関係なく六十歳を過ぎた人をも何人も受け入れました。現在でも六十歳を超えて働いている利用者は九人もいますし、七十二歳になった利用者も一人います。

定員オーバーした分はみな実習生として受け入れています。平成十五年までは、利用者の受け入れは自治体からの措置費によってささえられておりました。そのために行政区域が違うと受け入れられない場合が多くありました。わたしは、措置費に関係なく行政の範囲をもこえて希望者を受け入れてきました。

平成十七年、総合支援法が制定されるまでは障害によっては受け入れできないこともありました。それらの人たちも実習生として通ってもらいました。一年も二年も、中には四年間も実習生として通ってきた利用者もいます。

ここでは虹の家の利用者であろうが実習生であろうが、日常生活や行事や作業においては、何ら区別・差別をしません。勿論、自治会もすべての行事も一緒です。こうして受け入れられることができるのは、職員は勿論、行政や地域の協力によるものなのです。

レッテルをはらずに

——ここに来ている利用者たちの中には子どものころから知的な発達障害や身体的な障害のために自分から劣等感を持ったり、差別的な扱いを受けて「自分は馬鹿なのだ」「自分はだめ人間なのだ」とする心の葛藤のなかで生きてきた人もいます。特に一般社会で働く体験を持った人の中には、自己の無能力性を様々な角度から味わったひとたちが多いのです。

一般社会で人間同士の競争論理によって区別され、劣等者、無能力者とのレッテルを貼られてきた人もいます。ここでは、そんな背負わなくてもいいはずの重荷はすぐに下ろすべきであり、その意識から解放しなければならないのです。

利用者たちは、手を抜く・怠ける・ごまかすということを全く考えずに、いつも精一杯行動をしています。自分たちで話し合って目標を決める↓本気で実践する↓効果を実感する↓周囲にみとめられる↓向上心が湧く。という流れを繰り返すことによって、利用者たちはどんどん変わっていきます。

世間一般は「知的障害がある」といえば、いわゆる思考能力や判断能力、さらに分析能力など頭で考える能力が低い、と短絡的な印象を持ちますが、知的障害者であっても、考える能力のまったくないひとなどいません。障害のタイプや程度は一人ひとり違っていますが、みなそれぞれ自分なりに精いっぱいの努力を惜しまずに、しっかりと考えて行動しているひとたちです。何事も純粋に素直に考える利用者の成長・進歩には目を見張るものがあります。

「虹の家」は人間的な出会いの場

利用者の感想文がある。

〈園長先生、暖かい人。園長先生見ていると暖かくなる。こころも身体も、暖かいこころはいいですね。ほかの人を幸せにしますね。園長先生がいいからですよ。園長先生がいいからみんな喜んで集まってくるのですよ。園長先生がこの仕事を大切にして辞めずに、最後まで続けたので、成功したのですよ。園長先生はどこにも行き場のない、わたしたちに光をあててくださって、愛してくださったから、わたしたち利用者は、幸せに生活できているのです。世の光になれたのですよ。ありがとうございます。電子部品作業もコーヒーカップ作るのも、クーラーボックスの作業も、そのほかの作業も、みんなだいすきでたのしいです。本当にありがとうございます。〉

（利用者　H）

〈人生は出会いによって決まる。桐生先生に出会いました。虹の家のみなさんにであいました。わたしは、大変幸せになりました。園長先生は無私の心で虹の家を良くしていったのです。すごい情熱に感動しました。全身全霊を注いでのお仕事、感服します。

虹の家の利用者さんは苦労してきた方がたくさんいます。みなさん優しい。他人の心の痛みがわかる人です。

わたしは利用者さんたちと仲良くして、職員とも仲良く調和を保って、困っている方には手を貸して、虹の家で幸せな生活を送ります。

十二年前に園長先生に出会ったのも、利用者さんたちに出会ったのも、職員と出会ったのも、みんなわたしの最高のしあわせです。

それにお母さんとお父さんと、わたしが虹の家に行くようになってからあんしんして、心が通い合うようになって、みんなで心から笑って話すことが多くなり、親子のきずなも深くなりました。

人間的な心の出会いがなければ本当の幸せはない。

人生は出会いによって決まる。〉

（利用者　K）

第2部

「人はみんな同じ命をいただいて生きている」

命の源を深く掘る――教師　桐生清次

1の章　「みんな同じ人の子だぞ」――教師への道

生家付近の胎内川

桐生清次の生家は、新潟県北蒲原郡黒川村（現胎内市）の大長谷《おおながたに》地区の街道沿いにあった。豊かな水量を誇る胎内川が、広い川原の岩の間から流れ落ちる水音を響かせていた。家の前には、俗に瞽女街道と呼ばれた山形県の小国に通じる街道が通り、田植えが終わり山々が緑に輝きはじめる頃になると、三味線を背にした瞽女が三人四人と手を携えて通っていく姿がみられた。

昭和八年（一九三三）十二月二十三日に桐生は、二人の兄と一人の姉がいる末っ子として生を受けた。父はかやぶき屋根を葺《ふ》く年季の入った職人で四、五人の弟子を擁して、忙しく働いていた。そのころはほとんどの家がかやぶき屋根だった。特に冬場は弟子を連れて出稼ぎに行き留守勝ちだった。母は、農家としての作業をこなし戦後の食糧難時代でも子どもたちに不自由をさせなかった。ときには、村に疎開して空腹をこらえているような年寄りが集まることがあると、母は自分が食べる分までおにぎりにして差し出していた。そんな姿を垣間見て少年桐生は母を驚嘆し尊敬するべき偉大な人と感じ取って育った。

明治の生まれの母は、農家に育ち勉強好きで、幼い妹を背負って子守りをしながら小学校へ通って卒業したという苦労の多い人だったようである。読書家で古典文学や教訓物語などをよく読んでおり、教科書に書いてある「水兵の母」や、軍人として国家のために尽くしたわが子を語った物語をよく聞かせていた。なかでも、主人公の男の子がランプの明かりの下で勉学に励み、後に世のためになる仕事を成し遂げたという内容の「ギュウレオの物語」は、何度も何度も少年桐生によみきかせその後の人生に大きな影響を与えた。

戦後になっても、農家は国に米を供出させられた時代、限られた分量の米しか家には残らないから、焚きあげたご飯を母は、家族に先に配り、自分は最後にほんの少しだけ、食べていたのかどうか、食べたふりをして子供の成長を願っていた。茶碗に米粒など残っていると、一粒の米でも粗末にすると目がつぶれると教え諭した。そんな母だった。少年桐生は田植えから落穂ひろいまで田畑の仕事を手伝いながら、母親の苦労を読み取っていた。

家族の支援で大学進学

母の教えのおかげなのか、桐生は幼いころから記憶力には優れていた。一度聞いたことはすべて覚えてしまうような子どもだった。

戦時中、小学校時代に歴代天皇の神武天皇から明治天皇、大正天皇、昭和天皇と百二十四代まで名前も暗記した。上級生の兄たちが『軍人勅諭』を練習しているのを聞いて、大和仮名《やまとかな》はまだ読めないのに「わが国の軍隊は世々天皇の統率し賜うところにぞある、云々」と全文を暗唱してみせ、学校で若い男の先生からたいそう褒められたこともあった。

桐生は、ほとんど風邪もひかないほど丈夫で、逆立ちで運動場を何周も回り続けるような元気な子どもに育った。

小学校六年が終わると半分はそのまま家庭に戻り、残りは二年間学ぶ高等科に進んだ。中学校に進学する者は裕福な家庭の子どもでごくわずかしかいなかった。

昭和二十二年新制中学の制度が出来て六・三・三の新しい学制が施行され中学校進学が義務制に変わった。

中学生のときは、本屋で見つけた『代数学』の解説書をむさぼるように読み、自分で作った電気スタンドをつけて毎晩夜中まで勉強してほとんどマスターしたから、「数学博士」などと呼ばれたりもした。

そんな桐生のために、家族は高校から大学まで進ませた。彼は家族の負担を少しでも軽くし声援に応えるために、高校も大学も働きながら学んだ。当時は「働かざるもの食うべからず」と言われ、農家では田畑での仕事が優先し学習を強制するような時代ではなかったのである。

へき地の子も「同じ人の子」――母の言葉に教職の道

中条高校を終えて、大学に進んだ桐生は、大学卒業後、教職の道をすすむ。この教員生活のスタートにあたっても母の教えがあった。桐生は当時をこう語っている。


――大学在学中は、卒業後の進路についてはっきりとした希望があるわけではありませんでした。文章を書くことが好きで「物書きになろうか」などと漠然と考えたりしていたほどで、まさか教員になろうとは夢にも思っていませんでした。そんなわたしを教員へと強力に導いたのは母でした。

当時、教員は大学での少数単位による免許制でしたが、各市町村の教育委員会の個別の基準により採用が決められていました。先生にでもなろうか、先生にしかなれないという、デモシカ先生といわれた時代でした。

母の助言で教師になる単位も修得しました。卒業を前にしたころ、母はひとりで地元・黒川村の教育長さんを訪ねてお願いに行ったのでした。黒川村からの紹介で、へき地指定になっている東蒲原郡の上川村（現・阿賀町）の山深い小学校への赴任を条件に教員採用の内定を受けたのですが、当時のわたしはそれを受け入れられずにいました。

――当時は、へき地赴任などは避けるのが当たり前でした。若い教員なら一年ともたずに逃げ出してしまい、ベテラン教員なら偏向人事だ！　左遷されたのだ！　と被害者意識に駆られ昼から酒におぼれるようになる……など、これまでにさまざまな問題があったようです。わたし自身もなかなか決断できずにいると、

「人の住めるところにお前が住めないことがあるかね？　人はみんな同じ命をいただいて生きているんだぞ。どんな場所でも一生懸命にやりなさい」

苦労をしてきた母の言葉に渋々納得してへき地赴任を引き受けたのです。

このようにわたしを諭した母はわたしに内緒で上川村へも出向き、直接話をつけてくるという大胆な行動にも出たのでした。

――こうしてわたしは母のおかげで山村の小学校の教師として、社会人の第一歩を踏み出したのです。このときの上川村の子どもたちの輝くひとみ。何事にも興味しんしん、好奇心を集中して見つめる眼《まなこ》。その表情に秘めた純粋な子どもの心。生きようとする命の尊さ。それらをわ

たしは発見しました。

子どもたちは純粋な命の輝きを持っている。この子どもの心を育てるのが教師の役目である、というわたしのその後の人生の基本的姿勢をこの地での九年間に感じとっていきました。

山村の小学校の新米先生

新潟市から東へ六十キロ。福島県との県境に走る越後山脈の裾野に広がる阿賀町は、平成十七年津川町、鹿瀬町、上川村、三川村が統合して誕生した。総面積は約九五三平方キロメートル、新潟県の約七・六パーセントをしめ、総人口一万三〇〇〇人。町の中央を阿賀野川が周辺の谷あいからの支流を集めて流れ、JR磐越西線が添って走っている。春四月から秋十一月までの休日にはSLばんえつ物語

SLばんえつ物語号（阿賀町提供）

教師として最初の赴任地（現在の阿賀町上川地区）

号が長い汽笛をならしドラフトの音を響かせ津川駅からの急坂を登る。煙を残して走るその姿は他でみられず多くの人を魅了している。

沿岸の段丘に広がる平坦地に民家が点在するが、小学校と町庁舎だけが鉄筋コンクリート三階建てで民家の中に毅然と立っている。周囲は緑豊かな山々の木立に囲まれている。

町には数カ所に温泉がわく。五月の田植え、十月の刈入れなどの農繁期を終えたころ、近在の農家の人たちが泊まりがけでやってきて特ににぎわうほか、いつも地元の人たちが仕事の合間に入浴を楽しんでいる。春、雪解けとともに桜が咲き野鳥が歌いだす。山菜が森の香りを食卓に届け、アユやイワナが川面を跳ねる。秋には阿賀野川の流域は、錦に飾るがごとき色とりどりの紅葉で彩られる。そして、長い冬は二メートル近い雪に埋まる。

新潟市から磐越自動車道を四十分。津川インターを降りると国道49号が阿賀町にいざなってくれる。日中でも、すれ違う車も歩行者にも出会うこともない静かな町である。町の中央部の町役場の周辺をはじめ数カ所に設置されているほかは、ほとんど信号機が無い。代わって「動物注意」の大きな標識が運転席から目につく。「クマ出没」と注意を呼びかける標識も立っている。

昭和中期の大戦後、これらの地区が最も疲弊した時代、当時の東蒲原郡上川村総合計画書に残された記録がある。昭和三十五年の上川村の人口六六四三人が五年後には五八七九人。七六四人も減っている。単純計算すると一年間に一五〇人以上が村外に出て行っている。同三十五年の年齢別統計を見ても中学校生が八九二人もいたのに、十五歳以上は五一一人と激減する。卒業と同時に村外の高校に進学したのか就職のために村を離れたと考えられる。生活基盤は狭い平坦地で農業を営む以外に就労の場がなかったのだ。

昭和三十年春のこと。へき地に指定された上川村の小学校に東京の大学を出たばかりの先生が赴任してきた。黒川村（現胎内市）出身の桐生清次である。母親に背中を押されるようにしてこの地にきた。唯一の集落と外とのつながりは、村役場のある合川地区から一日数回、バスがＪＲ磐越西線の津川駅まで通っている以外になにもないところである。

桐生は語る。

——現地を訪れてみると、鉄道の線路から遥かに山を越した谷あいに広がった地区でした。広い村内には遠く離れた峠の彼方にも小学校があると聞きました。

わたしの勤める上条《じょうじょう》小学校は近隣三村が合併したばかりで上川村では一番大きな小学校でした。それだけに新しい教育目標が必要でした。校舎は新築されたがグラウンドはまだ整備されていませんでした。戦後のベビーブームの申し子がわたしが担任した四年生だけでも六十五人もいました。

わたしは問題行動の収集とその要因分析の研究に参加し、問題行動を心理的要因と社会的要因に分析する共同研究に加わって、新しい教育目標を設定しました。

赴任して三カ月後に村の青年団に加入し、社会問題研究会を組織して機関誌を発行し、毎月一回の集会を開くなどリーダーシップをとりました。そのうえ国語の読力テストをまとめたり、全国紙に青年団運動についてレポートを連載するなど積極的に活動をしました。

大人たちからは「先生様」「先生様」と歓迎され、子どもたちはわたしが下宿している家まで毎朝迎えにきてくれるほど親しみをもって溶け込んできました。

わたしも、それにこたえるように教師としての指導効果を高めるために教壇にたちました。何事も教師として初体験です。子どもたちも東京という憧れの地でしかも大学で学んできたわたしの指導ぶりを、かつてない新鮮なものとして受け止めていたようです。児童たちのひとみが光り注目されていることがわかりました。

2の章　「先生、絶対いぐなよ」

県境の小学校へ

一年経ったときに校長から懇願された。

「あなたの若い指導ぶりを見て子どもたちがあんなに信頼して、こころを開いている姿に感激した。まさに教師としての理想の姿を貴方は持っている。その指導法で七名小学校のこどもたちにも大きな希望をもたらしてほしい」

この学校からさらに柴倉川の上流、峠を二つ越し十五キロほど行った先の集落、七名《ななめ》地区の小学校へ転勤することになった。今いる上川小学校は村の中心で津川駅までバスも通っているが、この先の七名までは、砂利道を徒歩で行くかタクシーを使う以外に移動の手段のないところである。先任の教師が被害者意識にさいなまれてうまく児童たちと接触できない。と校長は言葉を加えた。

桐生は大学を出て教師として夢中で過ごしてきた最初の一年間に、子どもたちの心をつかむこ

教師として２番目の着任地となった阿賀町七名地区。現在の小学校は実態調査研究所として利用されている

とができたと思いはじめていた。教師は、教壇の上にいるだけでなく子どもたちと同じ線上にたって、一緒にならなければ教育の効果は期待できないことを体験したのである。

不便な地域に住んだために充分な教育を受けられないのであるならば、それは子どもたちにとって大きな損失である。自分が行ってその穴埋めができるのであるならば子どもたちのために尽くしてみようと、最初のためらいを思い直し決断をした。

背丈以上に積もった雪が解けると村には、コブシの花と一緒にサクラが咲きウグイスが枝の上で鳴いて歓迎してくれた。村の人たちは、季節のうつろいに合わせるように農業を営み山仕事に精を出している。ラジオが、かすれがちな声で社会の動きをつたえているだけの、都会から隔絶された場に桐生は立ったのである。

阿賀町教育委員会に残る資料によると、この地区は、明治初期には福島県に属し、明治七年の若松県公立小学校の

昭和31年の七名小学校児童教職員の記念写真
（前列左から２人目が桐生氏。七名小学校の記念誌『七名の絆永遠に』より）

リストに当時の集落の民家や寺院を借りて開校した学校名がある。明治三十五年には新潟県に変わって、公立小学校の欄に上条《じょうじょう》、豊川、広谷の名があり、七名《ななめ》地区に三宝分校があったことが記載されている。

平成二十二年（二〇一〇）に発行された七名小学校の記念誌『七名の絆永遠に』に、昭和三十一年の児童教職員全員が並んだ記念写真がある。児童、十四人と教職員十人が並んで写っている中に桐生の姿がある。

今でこそ舗装された道を町役場から車で十分杉木立の道を通り坂を上り下りすると僅かな平坦地に民家がかたまって並ぶ集落に出る。そのあたりが七名地区だが、舗装される以前はバスも通っていないために、何処に行くのにも杉木立のなかの砂利道を歩く以外に移動の手段はまったくないところだった。

「先生、絶対ほかの学校へ行ぐなよ」

桐生は、昭和三十一年四月赴任した。学校の裏手の少し高台にある寺、地蔵院が桐生の下宿生活を支えてくれた。

「先生、春はゼンマイ、ワラビも採れるし、夏は川で水泳ぎもできる。魚も釣れるし、秋はアケビや栗拾いもできる。冬はスキー乗りもできる。面白い遊びがいっぱいできるから絶対ほかの学校へ行ぐなよ。お願いだから絶対行ぐなよ」

子どもたちは日々そんなことをいいながら、桐生のかばんを持ち両手にしがみつきながら学校まで一緒に歩くのが朝の日課になった。

村長や校長からも、「お前しかいないのだから、頼む」と念を入れられてのスタートである。集落をあげての歓迎ぶりは、実は、それまでの教師に対する失望の裏返しでもあった。ここはへき地だ。へき地は不便だと言って、それまでどんな先生も長くいることがなかった。だから、自然とそんな意味の言葉が繰り返されていたのである。

着任した桐生は、豊かな自然に囲まれた環境で、その懐に抱かれるように育った子どもたちが持つ純粋さと、ときには荒れる吹雪に立ち向かう強い意志と力を発揮する強靭さを感じ取った。

そして何事にも興味を示す、輝くような瞳に魅せられた。

――わたしは、子どもたちのため、保護者たちのため、地域のために全力を尽くさなければならない。と強く思いました。そのため、勤務時間も休日もおかまいなしに、まずは子どもたちと一緒に精一杯過ごし「君たちが生まれ育ったこの土地は、こんなにも自然豊かで命がきらめいていてすばらしいところだよ」と口癖のように子どもたちに語りかけました。

昭和三十年代は、三十九年にアジアで初めて開かれた東京オリンピックに向かって目覚ましく経済成長が進んだ時代である。

昭和三十三年十二月にテレビ放送のために東京タワーが完成し、この年のテレビが一〇〇万台を突破した。翌年には皇太子ご夫妻のご成婚パレードがテレビ中継されテレビの普及に拍車がかかった。そして迎えた昭和三十九年十月十日、聖火台にアテネから運ばれたオリンピックの火がともされ、九十四カ国五五〇〇人の選手が覇を競った。その開会式の九日前に新幹線が東京・大阪間に開通し一気に二時間余を短縮して四時間でむすばれるなど好景気にわいた。

しかし都市部の経済成長の波は県境のひなびた山村に届くまでには時間がかかった。

地域の住民となって地域ぐるみで

桐生は小学校の教師として、児童たちとの接触は教室だけでなく家庭に帰ったのちも目線をくばった。健康指導を中心とした「母親学級」や、人生教育を中心とした「青年学級」を開いたり、公民館活動として毎月「公民館便り」を発行するなど、地域との交流を積極的に取り込んでいった。文化祭では、青年たちによる寸劇や母親たちによる民謡踊りもプログラムに加えた。

「母親学級」を始めるには「保護者会」をベースにして発展させていけばよかったが、「青年学級」については、その開催を呼び掛けると、「先生、酒飲みですか？　男は酒をのんで、女は料理を作るんでしょう？」という言葉が返ってきた。前任者が残した悪習が障害になった。そんなところから手探りで是正していかなければならなかった。

地域の人たちからの信頼を得るために、「教員」という立場にこだわることなく、同じ地域住民として、できるかぎりのことをするように努めた。あるときは、やけどをした子どもを背負って、その母親と一緒に三時間もかけて病院へ連れて行った。またあるときは、夜中に怪我をしたお年寄りを背負って運び、途中からタクシーを頼んで病院に連れて行ったこともあった。

二年過ぎる頃から、地域が、親たちが、青年たちが、そして子どもたちが大きく変わっていくのを肌で感じるようになった。この上川村での教員生活は、若かった桐生にとって将来の大きな

第七次教研県集会
第十分科会（僻地教育）報告書

へき地に於る
教育実践をどうすすめるか

新教組東蒲支部
七名小学校
教諭　桐生清次

研究内容要綱
1. はじめに
2. 地域啓蒙への歩み
3. 組織を通しての結びつき

「へき地に於る教育実践をどうすすめるか」謄写版刷りの研究報告書

糧となった。

昭和三十三年桐生は「へき地に於ける教育実践をどう進めるか」と題したへき地教育報告書を書いた。わら半紙に謄写版で印刷された十四ページに及ぶものである。

「子どもの幸福を願い、学校教育を進めていく上に、いろいろ障害があって、学校内だけでのいかなる指導技術も充分なる効果を上げる事ができない。

それは子どもたちをとりまく地域が、学校教育をすすめていくうえに充分な体制が整っていないからではないだろうか。

わたしたちへき地に勤務する教師は、地域を理解し地区の父兄たちや青年たちと一体になって学校教育を進めて行かなければならない。

そのためには、まずわたしたちは地域の人々の生活実態や児童生徒の問題行動を分析して、その要因は何であるかを見極め、その解決に地域ぐるみの活動を展開しなければならない。」

こう前置きして、着任当時の桐生自身の教育者としてのあり方を、「当初わたしには地域の人々の生活実態を批判的な目で接しようとしている自分があった。」と反省した上で、先に紹介した子どもたちからの「先生絶対いぐなよ」と口ぐちに言われた体験をつづっている。

この地の良さを紹介し新来の先生に何とか腰を据えてみてほしいという願いがそこにはあった。それは今まで先生に恵まれなかった子どもたちの正直な願いだったのである。

初めて家庭訪問に行くと、ある母親は「くる先生もくる先生も一年足らずで変わってしまう。不便な山のなかだからね――。親たちは忙しくて子どものことは学校任せだから――かまっていられないので先生どうかお願いしますよ――」と懇願された。

子どもたちはあるとき、『おらたちの学校は悪い学校。栗瀬の学校良い学校』とハヤシ言葉をくりかえしていた。栗瀬とは駅に近い便利の良い立地にある小学校である。バスも通っていないこの地区の学校に対する劣等感のあらわれでもあった。

こうした子どもたちや父兄たちの言葉の中から桐生はこの地のひとたちの思いを汲みとった。そして、子どもたちのために努力をすることを心の中で誓ったのである。

この地区をよく理解し、地区の人々に信頼される教師になること。そのために、桐生は、

①高ぶらないこと。
②自分もこの地に住む同じ人間である。
③子どもたちを可愛がり　親切にしていこう。
④地域の人たちとあらゆる場で話し合っていこう。
⑤学級通信や文集を発行し、できる限り家庭訪問をしていこう。
箇条書きを作り胸に焼き付けた。日常的に道で出会ったら気軽に声をかけ、リヤカーを引いていたら後押しをしよう。そんなことから始めていったのである。

青年学級開設

しかし、学級通信を謄写版で切って子どもの文集を乗せて、何か意見を聞かせてください、と再三連絡をしても何も反応を示してはくれない。それどころか長期欠席をしても欠席届けすら出してこないのである。

父兄たちから学校が無視されているのではないか、それは今までの教師たちが父兄の期待を裏切ってきたからに他ならない。と考えざるをえなかった。

——わたしは学校に寄せる父兄の信頼を取り戻すことに気を配りました。

父兄たちと交わりを持つために、青年学級・母親学級の創設を願って、青年学級の呼びかけに「酒飲み会か？」と言っていた人たちと道で出会った時に、立ち話の中から下宿に遊びに来るように再三誘いました。青年たちが、一人二人と来てくれるようになり、わたしの本箱から「これ読んでみたいね。貸してください」と積極的に意思表示されるようになっていきました。

そんな中からわたしは、青年のサークル活動についてほかでの例をつぎつぎに挙げて話して聞かせました。やがて「おらたちでもやってみよう。やってみたいなあ」ともらすようになり、半年が過ぎて秋になる頃、二十人ほどの青年が「草の芽会」と名付けたグループ活動を始めました。遊びが中心ですが、皆が共通の時間と話題を持つことにより連帯感と目標を持つようになっていたのです。コーラス・読書会を持ちさらに文集の発行をするようになり、その翌年の一月に青年学級が正式にスタートしました。

学校と地域が一体となって地域の教育活動を推進していくために、教師が中心となって、サークル活動を始め、読書会、コーラス、テーマを決めての討論会、お楽しみ会、などを毎月数回、学校の宿直室や下宿先のお寺の本堂を借りて開いてきた。その後、青年たちから、青年学級を作ろうとの声が上がり、学校側と協力して半年後に創設した。

青年学級は、当初レクリエーション中心だったが教科学習も取り入れ、社会教育から生活課題の学習をおこなうようになった。その結果、会員一人ひとりが前向きになり、仲間意識で結ばれて連帯的な意識を持ち奉仕の概念が生まれ、公共物の保護、衛生思想の高揚など、著しい変化がみられるようになった。さらにへき地の意識を無くし劣等感を捨てて自信を持つようになった。

母親学級開設へ

こうして地域と学校とがお互いに連携して物事をすすめていく態勢が整ってきたが、メインの軸になってほしいのは母親たちの協力である。

当時、昭和三十年代の前半、都会では神武景気に沸き電気釜が現れ、ミキサー、電気こたつ、洗濯機が店頭に並び、家庭の電化が始まった時代である。しかし、上川村七名小学校のある集落は、日用品の買い物には五の日に市が立つ村役場の前の広場まで山坂を越えて三時間歩いていき、買い物を済ませて肩に背負い、また三時間かけて戻ってこなくてはならない一日仕事だった。公共のバスなど全くない、都会の大戦後の近代化の波には全く縁のないへき地である。そのために古い風習がいつまでも残っていた。

母親たちは農作業に、父親は山仕事に追われ、子どもの教育は学校任せで、「おら家の子なんか、親に似て生まれつき頭が悪いからしょがねぇわね。百姓をして炭焼きで暮らすのだから、そげん勉強などせんでもいいがね――」と学校教育の充実を話しても全く無関心の人たちが多かった。

——わたしは寂しかったですね。何とかして学校教育に目を向けさせたい。そのために前任校のときのように母親学級をつくらなければ——。暇があると下宿の近くの児童たちの家を訪ねて、茶飲み話に子どものしつけのことや学校での教科の取り組みなどを話してまわりました。あるとき、

「先生。ためになるいい話だな——。また来て聞かせてください」

そんな声が返ってきました。やがて、

「二十日講に何人かが集まるからその時に来て話してくださいな。みんなのためになることだから聞かせてくださいな——たのみますせぇ——」

という母親がでてきました。二十日講は市の立つ日。買い物してきた品物を前に集落の主婦たちが集まって茶飲み話のひと時を過ごしていたのです。そこで話をしてほしいと幹事役の母親が取り持ってくれました。

わたしは子どもの作品などをもって、集まった主婦たちに現代の学校教育の必要性を説きました。すると三回目には「飲み食いを止めて、先生の話を聞かせてもらうことにスッペ」となり、手ごたえを感じられるようになっていきました。

しかし二十日講は二十歳の嫁さんから七十代のお年寄りまでいます。そこで次回からは若妻たちによる七名母親学級がまとまり、ＰＴＡ新聞やこどもの幸せを論じた雑誌などを読み上げたりして母親たちの関心をだんだん学校にむけさせました。その中から父兄参観日をやってほしいと声が上がり実施しました。

公衆衛生教育を柱に

特に婦人学級の会合で桐生が常に口にしたのは、公衆衛生に関する意識教育だった。上下水道は全く備わっていないため、井戸水が飲用水であり川から引いた側溝の流れが、日常の食器や、野菜などの洗い物をはじめ衣服の洗濯につかわれていた。「三尺流れれば水清し」の概念がそこにあった。畑の農作物には、人糞が貴重な肥料になっていた。そのためちょっとした汚染が発生すると全集落が罹患する危険性があった。

桐生は公衆衛生の教育指導を徹底的に行った。カやハエと体内の寄生虫の駆除の必要性を説き、保健所と学校が中心となって、定期的に検便を行い、各集落ごとの数値を公開して意識の高揚につとめた。

――七名地区の集落のこの動きは上川村の他の二校の小学校にも波及し村の教育方針としてま

とめられました。特に共同体として公衆衛生についての意識を高め、児童たちの体位向上を推進することになっていった効果は大きかったと思います。

春、秋には無料の健康診断を行い慢性鼻炎や中耳炎の撲滅に力を注いだ。これは、子どもを学校に通わせている家だけでなく、集落の各家々にもよびかけて健康診断には全世帯を対象に実施した。

こうしてへき地の集落の人々の関心の中心に小学校が存在する形が自然に醸し出されてきた。集落のなかでは、ＰＴＡ会員に関係なく、学校の教職員と村の人たちの交流が深まりお互いの連帯意識がうまれた。

3の章 「立っているところを深く掘れ」

荒れた中学校へ

昭和三十四年、桐生は村内の上条《じょうじょう》中学校に転勤になった。荒れた中学と言われた学校であった。

子どもとともにあろうとする桐生の行動は、さらに新しい領域に踏みこむ。宿直制度を利用して、カメラを介して子どもの関心を開かせる試みである。

——当時警備をかねて学校に泊まり込む宿直制度が残っており、毎週のように学校に泊まり込みました。支給された宿直手当は一晩三六〇円、それをすべて貯金にまわしてカメラを買い、子どもたちの生活にカメラを向けました。

しかし、都会と違って津川町まで行かないと現像引き伸ばしの店はないので、現像・プリントの作業は自分でしなければなりません。夜、下宿に子どもたちを呼んで一緒に写真作りをしました。
ネガから印画紙に焼き付けて現像液につけると映像が浮かんできます。子どもたちは興味しんしんで見入っています。子どもたちは喜んで写真作りに泊まりにきました。出来あがった写真を家に持ち帰って自慢し見せていました。

まだおいしい飲み物がない時代、あっても都会のように身近なところに自販機やコンビニなどないところである。缶入り粉ミルクを買っておくと、桐生が眠ったあとにみんなで全部飲んでしまって缶がいつも空になっていた。
日曜日には津川町の駅近くまで映画を見に連れて行き、帰りはタクシーに乗せて家の近くまで送ったこともあり、給料はほとんど残すことなくこうして使った。そのためか村のお祭りには、よく保護者に招待され楽しく土地の習慣にふれることができた。

――着任した年、わたしが担任を務めたのは問題を持つ子どもの多くいる二年生の学級でしたが、一年もたつと大きく変わりました。問題児といわれる子どもの家庭をたびたびたずねました。わたしが行くと奥に引っ込んで寝てしまう子どももいたので起こしてもらい、両親のいる前で話して聞かせる。そうすると子どもたちの生活は大きく変わってきました。

桐生が学校で宿直になると、決まって窓の外に訪れる青年がいた。知恵遅れの青年が食べ物を欲しがってやってくるのである。近くの店からパンを買って持たせたことも度々あった。その青年との交流もまた、その後の桐生の人生進路を、知的障害者の問題を抱えて歩む方向に大きく変えるきっかけとなったのではないかと思われる。

「立っている所を深く掘れ」

桐生はへき地教育に取り組んできた体験を、指定地区の代表として県の研究発表を二年続けておこなった。

――わたしの教え子たちの中には、のちに村長、大学教授、県警本部の警察部長、全国農協県副部長、などの他、福祉施設をつくり福祉に貢献した人もでました。教師として自分が教育に携わった地域から、素晴らしい人材が多く育ったことは、まさに教師冥利につきます。現在も多くの教え子たちが声をかけてきます。

ドイツの哲学者ニーチェ（一八四四―一九〇〇）の、

『立っているところを深く掘れ。そこに泉わく』

この言葉は今でもわたしの座右の銘のひとつとなっています。上川村での毎日は、この真実を実感した日々でもありました。

「この言葉に励まされた」と、いまでも毎年便りをくれる教え子がいます。父親を早くに亡くして母親ひとりに育てられたM子さんは、苦労して働きながら勉強し、自ら保育所をつくり千葉県で活躍していますが、「この言葉はわたしの人生を大きく支えている言葉です」と、いまでも毎年手紙や御中元、御歳暮までも送ってくれます。

もうひとり、中学一年のときに問題児とされていたS君は、わたしが担任したとき二年生になった生徒でした。当時、わたしは彼を学級委員長に推薦したのです。

「人間は変わる存在です。三月までは一年生でしたが、四月で二年生になった。昨日のS君は今日のS君ではないのです」

と言って励ましました。すると、彼は学級委員長として本気になって勉強し活動しみるみる変わっていきました。

毎週我が家に勉強を習いにきて、妻の作ったラーメンを食べて帰るのでした。その後、高校・大学へと進み、今は立派な社会人になっています。数年前の正月二日、同級生たちと久しぶりに我が家に来て、泣きながら当時のことを語り帰っていきました。やはり、人間は出会いが大切なのです。人との出会い、場所との出会い、与えられた役割との出会い、言葉との出会いなども含めて、ひとつひとつの出会いが人生を築き上げていくものなのだと思います。

生徒一人ひとりに対して差別や偏見や先入観のメガネで判断することなく、信頼して接することで、S君のように問題児とされていた生徒もつぎつぎと変化をみせて成長していくものです。したがってわたしが転勤を希望しても、すぐには去ることのできないような人間同士の輪ができあがりつつあったのです。

へき地教育実践が認められる

とはいえ、教育委員会としては、一人の新人教師をいわゆるへき地に九年間も引き続き勤務させるのは、内規に反することになる。桐生のへき地教育の実践の報告書を見た中条中学校の板谷《いたや》越《こし》校長は、次年度には是非本校に呼びたいと白羽の矢をたてた。

東大哲学科出身で、県下の大物校長と評されていた同校長は、昭和三十九年一月、上川村上条中学校長に直接相談にやってきて次年度から中条中学に転勤させるように要請した。このとき両校長は、転勤させろ！　否させない！と言って酒飲みの席での口論になったという話が残っているが、やがて三月、県教育委員会が中に入り中条中学校への転勤が決まった。

——わたしの転勤が決まり上条中学校の校長より内示を受けて校長に電話をすると、

「ぜひ来てもらいたい、教師の移動問題で頼みに行って口論したのは貴方のことだけである。わたしとしては桐生先生の力を信じているので、ぜひわが校でその効果を発揮してほしい。」といわれました。教師としての九年間の実績が認められた形となり、わたしとしては、新たな期待が胸にわいてきました。まぁサラリーマンとしても左遷されての転勤でなく請われての移動ですからやはりよろこびもありました。

昭和三十九年四月から同じ新潟県の北蒲原郡中条町の中条中学へ転勤になり、校長が用意した教員住宅に入った。ようやく生まれ故郷に隣接する町に帰ってきたのである。

禍を転じて福となした黒川村政

しかし、三年後大惨事が起きた。

昭和四十二年八月二十八日四七〇ミリの雨が一日に降ったという集中豪雨が黒川村を襲った。前年の七月十五日にやはりこの地は梅雨前線の影響による豪雨にみまわれ、山間部の十の集落が山からの鉄砲水の中に水没し橋が流され農耕地が冠水する被害が出たばかりだった。

「集中豪雨は花崗岩帯の急斜面を瀑布帯のようになって流下し花崗岩風化表土層・半風化岩石・崩土を、崩壊剥離墜落させ膨大なエネルギの土石流の現象を起こし、山腹緩斜面及び各地に分布する村落を一瞬にして流出埋没したものである。この未曾有の集中豪雨こそ、山崩れ発生の最も大きな要因であった。」

　と黒川村誌に記されているように、建物全壊八十六、半壊八十一、流失三十二、床上浸水三五三、床下浸水五四三、田畑の流埋三七四ヘクタールに及び死者三十一人がでる大惨事となった。

　山から泥水が激しい流れとなって石を押し出し、その石が大きな岩をあっという間に浮き上がらせて斜面の木々をなぎ倒して山裾の民家を襲ってくる。あとからあとから岩石が続いて山から流れ落ちてきた。山を背後にして街道沿いにあった桐生の家は周囲の家ともろともに、濁流の中の岩石に押しつぶされるように流された。

越後胎内観音（提供：伊東崇氏）

　三年後の昭和四十五年の同日、8・28水害の犠牲者を弔うために青銅製の観音立像が建立され、追悼開眼供養会が樽ヶ橋の胎内川を見下ろす山のふもとでおこなわれた。毅然と立つ観音様は、身の丈七・三メートル、重さ四トンで青銅製では日本一といわれ、「越後胎内観音」と名づけられた。八枚の蓮の葉の蓮華台の上に立ち合掌している姿は波乗り観音ともよばれている。緑濃い木々の中に立ち、川面を見下ろした姿は再び災害が起こらない豊かな暮らしを祈っている。

黒川村のこの大水害を新しい村作りの天命と受け取った伊藤孝二郎村長の大英断により、今日では、氾濫した川には優美なアーチ型の橋がかかり清流が木々の緑を映し胎内川の土手には延々と桜並木が続く。四月の連休の前には見事な花を咲かせ水面は花筏で覆われる。水芭蕉の群生地では大地からいきなり飛び出したような白い大きな花が咲き誇る。

周囲の山が新緑で燃えるとやがて山法師が十字に花弁を広げる。ウグイスやアカショウビンなど野鳥が囀り、巣作りを始めると梅雨が近づき、森の中では、木漏れ日を受けて山アジサイが存在を主張する。

胎内川の崖の上には、大理石の広いロビーを持ちヨーロッパの古城を思わせる村営のホテルが立ち、淵には大きな噴水が吹き上がりスワンボートが浮かぶ。季節ごとに彩りを変えるフラワーパーク。ゴルフ場から胎内高原ビールの醸造工場や、食肉加工工場まで備えたリゾート地になった。冬はスキー場となり若者たちで賑わった。出稼ぎにたよっていた村の人たちは、就労や雇用の場が増えて家族が団らんの日々を迎えている。

新潟県委託生として教育心理学を学ぶ

こうした中で桐生は、日本で初めてのノーベル賞受賞者であった京都大学の湯川秀樹博士の

「実際に理論的な仕事は三十歳までだ」という言葉に励まされ、現場の体験をもとに教育者として勉強し、研究する必要性を痛感するようになっていった。上川村で体験した小学校と中学校の教師生活から、かねて『学業不振児（知能は高くても学力が低い児童生徒）』の要因に興味を持っており、教育現場に身を置きながらも、さらに研究を深めていきたいと考えた。

中条中学校に籍を置いたまま、昭和四十一年新潟県立教育研究所に一年間通って、カウンセリングや学業不振児についての研究を進めた後に、さらに四十二年には一年間東京大学で澤田慶輔教授のもとで教育心理学を受講する道を得ることができた。澤田教授は桐生の体験と研究を重視し注目した。「一つの事を三年やれば先が見えてくる。五年やればものになる。十年やれば、他人はだまってはおかないよ。本気でがんばるように」と励まされた。

その後も澤田慶輔教授の指導でアメリカのフロリダ州ピッツバーグ大学に留学することになったが、ちょうどそのころ結婚して子どもが生まれたので留学を取りやめて短期間ハワイ大学で学んで帰国した。

4の章　〝特殊学級〟との出会いと育成会の組織化

「尊い命をもって生まれてきたのだから」

中条中学校へ転勤して六年後の昭和四十五年。桐生にとって大きな転機が訪れた。当時勤めていた中条中学校の校長より、特殊学級（現・特別支援学級）の担任を打診されたのである。打診というよりは要請、懇願だった。

「うちの学校で五十人以上もいる先生方の中で、だれも特殊学級を担任してくれる者がいないし、大勢の先生方の中で、お前が一番あの子たちとウマが合いそうだから。いきいきした子どもたちの姿を見せてくれ。頼む」

そう言われて桐生は内心随分戸惑った。当時は教員の間でも特殊学級担任はさげすまれ、「三年もやれば自分がおかしくなる」「将来校長にもなれない」などと言われていた。したがって山間地への転勤命令のように特殊学級担任は、ややもすると左遷されたと受け取られ、同僚の教師仲間から奇異の目でみられがちであった。

——わたしは学業不振児や相談心理学の研究はしてきたが、知的障害児の研究はしてこなかったのでと断りたかった。母親に相談すると、

「みんな同じ人の子だぞ。何を迷うことがあるものか」

またしてもこう諭されたのです。わたしにとって母の言葉は絶対的な指導力がありました。母は今では、亡くなりましたが、母の言葉はいまもわたしのこころの中に生きているのだと感慨深く思い出されます。明治の生まれで学問のない母でしたが、人間として苦労してきた母でした。人間存在の大切さをわたしに教えてくれたのです。

「お前が担任している間は、だれもお前に代わることはできないのだよ。みんな尊い命を持ってこの世に生まれてきたのだから——命を頂かるのだから本気でやるように」

ということだったのです。このときの母親の強さをわたしは感慨深く思い出すことがあります。

中条中学校特殊学級体験

——わたしは昭和四十五年、中条中学校の特殊学級の担任になりました。そのときみたものは、子ども自身がこの学級で学んでいることを恥ずかしがり、便所に行くのも、授業が始まりほか

の子どもたちが皆教室に入ってから、「先生、便所に行かせてください」という子がいました。PTAの会合があっても、毎回決まった数人しか学校にきません。障害児のいる家庭を訪問すると、「うちの子は馬鹿で恥ずかしいから学校になどいかれない」といわれ、特殊学級がそのためにあるのだからと特殊学級を勧めると、「世間体が悪い」と言って断るのが親たちの姿であり考え方でした。

教員たちの間ですら、特殊学級に対して偏見があった時代である。一般社会ではもっとひどく、障害児を持つ親や家族もまた「障害児は家の恥」と考えて隠しておくような時代が長く続いていた。障害児が生まれたのは先祖の悪行のたたりだ！　と忌み嫌われる。誤った因果応報の思想がはびこっていたのである。

子どもの身になってみると外で走り回ることもせずに、人が尋ねてくると奥の部屋に隠れこむことを押しつけられれば、気持ちがゆがんでくるのは当然であろう。学校にくるようになったら、盗みをする子、人からののしられ友達にバカにされても言い返すことができず泣いてばかりいる子がいた。

——わたしはそんな子たちをやさしく見守り本気でかかわりました。すると一緒に生活している中で、盗みをする子が、いつとはなしに盗みをしなくなり、泣いてばかりいた子も泣かなくなりました。やがてわたしが待っていた、この子たちが持っている本当に素直で純心な気持ちが出てくるようになっていきました。瞳に輝きがでてきたのです。この素直で純な心は人間一人ひとりがこの世に生きるために大切なものであることをこの子たちから教えられたような気がします。

ニーチェが言った『あなたが立っているところを深く掘れ。そこに泉がわく』この言葉を卒業するこどもたちに毎年贈ることにしてきました。

わたしは毎年のように、すなおでまじめで純真な子どもたちの生き方を本にして自費出版してきました。そうしたこともあってか、四十七年九月文部省委嘱東京教育大学特殊教育担当指導主事研修に派遣されました。

我が国における障害者の学校教育は明治八年（一八七五）に京都府で聾唖者の教育が始まり、やがて盲児の教育を含めた京都盲唖院が明治十一年五月二十四日開校されたのが最初とされ、東京でも明治十三年に楽善会訓盲院が授業を開始している。その後、盲と聾の分離教育が行われるようになっていった。

昭和七年（一九三二）になって初めて肢体不自由児学校が東京に設立された。

昭和二十二年教育基本法と同時に公布された学校教育法により盲学校・聾学校に、知的障害者、肢体不自由者、病弱者のための養護学校が加えられ、三校が特殊教育を行う学校として法制化された。その後いくつかの変遷を経て平成十年（二〇〇八）障害児に教育を行う学校はすべて『特別支援学校』に統一された。

育成会の組織作り

――子どもが自ら生きがいをもって生きていくためには、まず、教師と親たちがお互いに手をつなぎ積極的にならなければならない。ということを痛感したのです。

わたしは、翌年四月から、理解のある保護者の家を借りて毎月ＰＴＡの会合を持ちました。いろいろ子どもたちのことが話題になり、中学で終わりでなく高校にも行かせてほしい。末っ子の知恵おくれの子が、姉や兄たちより先に中学を卒業して社会に出て働くことになるということから、卒業後の問題がいつも話題の中心になりました。そこで、ただ集まって話し合うだけでなく、目的をもって運動をすべきだということになっていったのです。これは大きな進歩でした。

昭和四十七年六月にまず中条小学校の特殊学級の父兄に呼びかけて、七月に中条小・中学校特殊学級の保護者による育成会を設立した。さらに限られた保護者だけで施設づくりをするのではなく、多くの人たちの理解を得るためにも、もっと広く同じ悩みをもっている人たちと支援者に働きかけ、町全体の運動としたいということから、町長はじめ町民課の協力を得て、四十七年十一月七日、会員二二〇名で中条町精神薄弱者（児）育成会「手をつなぐ親の会」を設立した。

——わたしは当初、保護者たちの心の中にここまでの積極的願いがあるとは思えなかったのですが、小さな発言が徐々に連鎖反応を起こし、問題意識をはっきりと明確にした形になってきました。その大きな目標は、学校を卒業した後に通える授産施設を運営しようという願いでした。嬉しかったですね。大きなやりがいを感じました。

親のつながりを郡に広げる

——まず大きな第一歩を踏み出したのです。けれども運動体としては中条町だけでは小さすぎます。中条町育成会ができてから、その中での授産施設建設運動は、中条町だけでなく、北蒲原郡全体に広めていきたいとわたしは考えました。しかし、この意見には賛否両論がありました。中条町育成会ができて間もないのに、郡にまで手をのばさなくてもいいという意見です。

中条町の福祉課は、町としては郡の仕事までは——、といわれ、郡福祉事務所では、一応賛成ではあるが、郡の中のほかの町村の連合体を組織するのでなければ――。との返事。

その当時、北蒲原郡十町村では、中条町以外に育成会がなかったので、郡福祉事務所では、各町村の関係課長会議で育成会の設立を呼びかけてもらいましたが、半年以上たってもなかなか実現しませんでした。そこでわたしは十一月各町村へ趣旨説明をしてまわりました。

「各町村には施設にはいっている子どもや、養護学校、特殊学級の子どもの父母がいます。在宅している子どもの父母もいます。その人たちがまず手を繋いでいく。その団体育成ということで行政に協力してもらいたい」という趣旨です。

この趣旨に反対する町村はないと思って出かけましたが、「趣旨はわかるけれども、そんな会をつくられては、いまの状態でさえ手がまわらないのに仕事がふえて困る」とか「保護者がだまっているのに、こちらから手をかけるとかえってプライバシーにかかわるのではないか」といわれ、わたしはびっくりしました。


そこで、まず、北蒲原郡全体の育成会をつくり、それを母体として各町村に支部をつくる。その支部を町村の育成会にしていくという計画のもとで進めていくことになった。

県内の施設や養護学校、特殊学級の先生方や北蒲原郡内の保護者の中から世話係の方を推薦してもらい、昭和四十八年十一月二十五日、新発田市にある新潟県教職員組合の新発田支部会館で、設立準備会を開いた。

――でも資金は一円もなくて、町の福祉課へお願いに行けば、郡にまでだすお金などないといわれ、また郡の福祉事務所に行っても解決しません。町長に頼んで町の福祉課に準備委員会の事務局をおいてもらいましたが、実際はわたし自身がやらなければならず、印刷代、郵便代、電話代などかさむ一方でした。しかたなくわたしは町の有志者の元へ奉加帳をもって寄付をもらいに歩きました。四十八年十二月の豪雪が降るなかでした。車で動くことが出来ず、学校が終わってから町を歩いてまわり、いつも帰るのは夜の十時をすぎるありさま。出産をひかえた妻の具合が気になり途中から電話をかけて様子を確認しながら歩きました。こうして十万円を集めることができました。

そして、十二月末日までに約一〇〇人の保護者会員を集め、さらに一万二〇〇〇枚の趣意書をつくって郡内に配布し、四十九年一月末までに三八〇人の賛同者を得、二月十五日、北蒲原郡精神薄弱者（児）育成会「手をつなぐ親の会」設立に漕ぎ着けました。

この日会場で配布した設立総会要綱が残されている。それによると、総会では会則を定め、役員を選出し事業計画を審議している。会則では、第一条に「本会は、精神薄弱者（児）を守りその幸福を図ることを目的とする」と明確に趣旨を打ち出した。第五条では「目的達成のための事業」として、①精神薄弱者（児）の人権尊重のための社会啓発　②福祉施設の拡充　③教育の助成　④生活指導、職業指導、就職あっせんの推進などを挙げている。そして第六条の「会員は保護者及び本会の趣旨に賛同するもの」として広く社会に協力を呼びかけた。

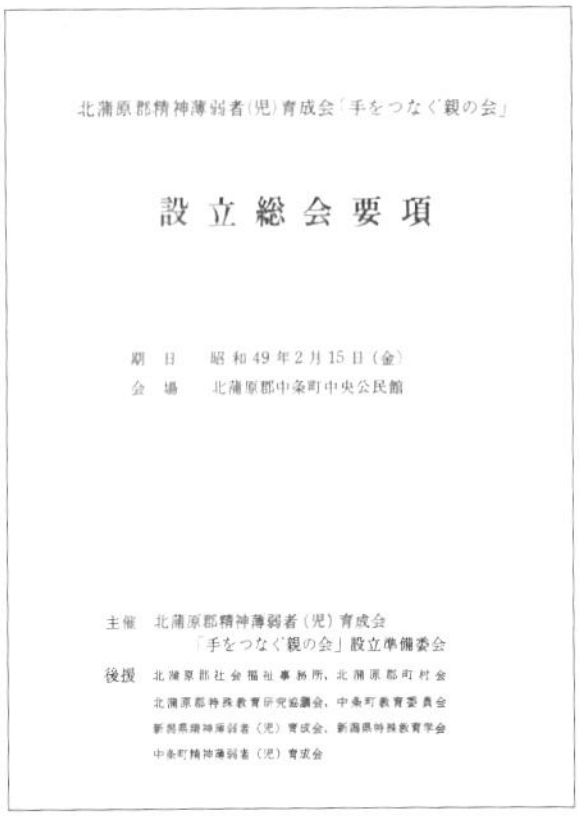
北蒲原郡精神薄弱者(児)育成会「手をつなぐ親の会」

設立総会要項

期日　昭和49年2月15日（金）
会場　北蒲原郡中条町中央公民館

主催　北蒲原郡精神薄弱者（児）育成会
「手をつなぐ親の会」設立準備委会
後援　北蒲原郡社会福祉事務所，北蒲原郡町村会
北蒲原郡特殊教育研究協議会，中条町教育委員会
新潟県精神薄弱者（児）育成会，新潟県特殊教育学会
中条町精神薄弱者（児）育成会

北蒲原郡精神薄弱者（児）育成会の設立総会要項

この日の創立記念式典は、会場の中条町公民館に大雪の中約一二〇人が集まり、中条町長、県の福祉課長、県会議員など来賓も多く参加した意義のある会になった。行政をはじめ保護者同士のつながりと協力の結果が実ったといえよう。

心身障害者（児）の働く場をつくろう

中条中学校の教師時代に桐生は、この間の推移を『心身障害者（児）の雇用の促進と福祉作業所の設立』とのレポートにまとめた。その要旨を抜萃引用する。

「障害者（児）が学校を卒業しても、障害が重いために働く場がないから、働く場を提供し仕

事を与えてやるのだという考えに立つのではなく、障害者（児）の生命を尊重し、生きがいをもって生活できるようにする。障害者と共に、という人間観に立つことを基本とする。

障害者（児）の問題は、外に向かって働きかける運動が大切であるが、基本的には障害者（児）や保護者の家族の生き方、即ち、内に向かってのお互いの積極的な働きかけが大切である。

障害者（児）も同じ人間であるのに、現実の社会では、いわれなき差別と偏見がある。それは障害者（児）自身、保護者や家族の生き方に大きな問題があったことは事実であるが、そうした差別や偏見をつくり出してきたのは、わたしたちの責任でもあったという歴史の事実を反省しなければならない。

障害者（児）の問題はよく、親や社会が悪いというが、わたしたちは同じ社会の中で共に生活している社会の一員であるという自覚をもたねばならない。現実には困難があっても、人は自分の幸せを培うために本気で生きると同じようにこの責任を負わねばならない。

施設はどんなに外見が立派であってもそこに魂が入っていなければならない、その魂とは人間愛に充ちた共に生きる姿勢であり、一人ひとりの人格が尊重されていることであろう」

この一つの学級のＰＴＡ会合に端を発した運動は、同じような取り組みを一つ、またひとつと広げていくうちに、一年七カ月後の同四十七年十一月、中条町精神薄弱者（児）育成会「手をつなぐ親の会」が設立された。その重点施策の一つに授産施設の建設をとりあげて、運動を進めてきたが、その運動を更に郡全体（一〇ヵ町村）にまで広めるために四十九年二月、北蒲原郡精神薄弱者児育成会「手をつなぐ親の会」が設立され、授産施設建設に郡全体で取り組むことになった。

更《さら》に五十年一月には二市（新発田市、豊栄市〈現新潟市〉）北蒲原郡育成会をつくり、八五〇〇名の署名を集めて入所施設大峰寮（定員五〇人）の誘致にもっていったのである。

この間、桐生のこうした活動に、中条町は昭和四十八年に教育文化功労賞を授与した。現職の教員で受けたのは桐生が初めてのことであった。

5の章　福祉作業場スタート

障害児の就学は義務化されたが

桐生は、昭和五十二年には障害幼児の早期教育のために、中条町にある柴橋保育園を借りて、日曜日に「なかよし会」をスタートさせた。

昭和五十四年には養護学校が義務化された。

昭和五十六年には中条町大出小学校、築地小学校に進学するための特殊学級を設置させて、障害児学級づくりにも関与した。また、中条中学校にも新しい情緒障害児学級を新設して、学区に関係なく入学希望者をみな引き受けるようにしむけた。

――昭和五十四年、養護学校が義務化されました。それ以前は重度・重複障害者は就学猶予や就学免除をされてきました。自宅や障害者入所施設で生活していた重度・重複障害者も養護学校へ就学することになり、わたしのもとへも障害の重い子も特殊学級へ入学を希望してきました。わたしは障害の程度に関係なく希望者は新しい学級を作りみな受け入れてきました。
養護学校が義務化されたときには中条町には、特殊教育担当教員はわたしのほかに、中条小学校と中条中学校に定年に近い先生が二人いるだけでした。特殊教脊の経験者はいなかったのです。そのためにわたしは、制度の研究、勉学と子どもたちの指導教育、そして父兄たちとの懇談でのリーダーシップを果たすなどなど、多忙な日々をすごしました。

ようやく障害児の就学が義務化されたが、それでも、我が子を障害児として養護学校や特殊学級へ入れることに抵抗を感じる親が多く見られた。そのような学校に子どもを入れるということは、障害者であることを認めたあかしと判断されてしまう。すなわち、障害者のレッテルを貼ってしまうことになり、我が子の将来を考えると不安や恐れもあったのだと思われていた。

——わたしが担任した特殊学級でも初めのころ、普通学級の子どもたちは特殊学級の子どもたちを差別の目で見たし、一緒に遊ぶこともしませんでした。授業参観の日になっても親が来てくれることは殆どありません。そのためにわたしはお便りの形で、来てくれるように案内しましたが来てもらえません。健常児の兄弟をもつ親は、兄のクラスは参観するのに、障害児の弟のところには顔も出さない。家庭訪問ですら、「先生が来ると特殊学級に入っていることが世間に知られるから」と拒絶される始末でした。校外学習へ出ると、「こんな子たちの面倒をみるなんて、先生も大変ね。慈善事業ですか？」などと、こころない言葉をかける人もいて、本人たちもしだいに校外へ出ることを嫌がり、親の目も地域の人の目も怖がるようになっていったのです。

命がつながる地域へ

——わたしは、まずは何としてでも「親子の関係」をどうにかしたいと考えました。我が子を恥だと思いたい親など、本当はいるはずがないのです。また、自分の親からそのような目で見られている子どもたちのことを考えると、居ても立ってもいられない気持ちに駆り立てられました。

そんな桐生の活動の原点は「命」の尊重、その「命」のつながりの復活への思いにある。

——どんな子どもでも内に秘めた尊い命を持っています。人は誰でも内に秘めた尊いものを持っています。それは命であり、人格であり、魂なのです。命は命でないと生み出せないのです。人は、かけがえのない命をもってこの世に生まれてきたのです。その命や人格や魂をお互いに大切にし、生きがいのある人生をおくることが何よりも大切なのです。

命は自分だけのものではないのです。先祖代々続いてきた命であり両親からもらった命なのです、二十代さかのぼると二十万人の血のつながりがあるといわれています。その一人がかけても今のわたしは存在しないのです。

人は生き物の命をいただき、人さまによって生かされて生きているのです。人間は一人では生きていくことはできないのです。自分一人では生きていくことができない場合は、人様の援助によって如何に生きるかが大切なのです。生かされて生きているこの命を、どう生きるか、生きがいのある人生を如何にして送ることができるか考えることが、優れた人格を作ることなのです。二度とない人生を無駄にしてはならないのです。

親が変われば地域が変わる

──わたしは機会あるごとに親たちにこんな話をしてきました。ようやく、あるひとりの保護者の方のご理解をいただき、暗くなる時分から御自宅をお借りして「学級ＰＴＡ」を開く準備を進めました。学校もダメ、各家庭もダメ、夜、行くと電気も消される。そんな家庭ばかりでしたから、お借りできたことは大変ありがたいことでした。ですから、少しでも参加しやすくするための苦肉の策でした。最初から全員というわけにはいきませんでしたが、毎月一回粘り強く開催を続けることで、しだいに集まりもよくなってきました。これまでだれにも話せなかった障害児の親ならではの悩みや苦しみを語り合うことで、親たちの胸のつかえも少しずつ取れていくようでした。

自分一人では生きていけない命、人間が生かされ生きていく、そこに地域がある。桐生の障害児教育の視点ははっきりと地域社会ぐるみの地域づくりへと展開していく。

——わたしたち教師は、人間の価値を深く追求し、正しい理解を求め子どもや親たちと共に努力しなければなりません。

現実の社会は、社会的に弱い立場におかれている子どもたちに対して必ずしも住みよい社会ではありません。どんな重い障害を持つ子どもでも、子どもたちの能力が最大限に発揮され生きがいのある社会。地域社会の人びと一人ひとりが自らの問題として、この子どもたちに対する誤った人間観をおたがいが厳しく反省し、正しい人間観を培っていく社会をつくっていかなければならないのです。

子どもたちが生きるということは、親や教師も生きがいを持つことであり、それはまた地域社会の人びとの精神的な意識を変えていくことです。そのかかわりの中でお互いが成長していかなければならないのです。

それは生易しいものではありません。子どもはもちろん、親たちが手をつなぎ心を一つにして活躍する中で地域社会の人々とより深いかかわりを持ち、ともに理解と協力し合いながら地域ぐるみの活動に盛り上げていくことが大切なのです。そのために愛のともしび運動としてえんぴつ販売もしてきました。

子どもたちが働く場をつくろう

障害児教育を地域社会全体でと、とらえる桐生にとって、学校卒業後の障害のある子どもたちの生活をつくっていくこと、すなわち働く場を確保していくことは当然の課題であった。

桐生は、親の会をはじめ、北蒲原郡心身障害者雇用促進協会をつくり中学校の特殊学級卒業生のために、職場開拓と雇用の促進にも努めてきた。北蒲原郡全体で二一〇社ある企業のうち、八一社に障害者雇用について嘆願して回った。こうした桐生の地道な活動は実を結びつつあったが、新たな問題も見えてきていた。

——昭和五十三年七月には雇用促進協会を設立し、事業主の理解の下に雇用の促進に力を入れてきました。その結果、学級の卒業生や障害者（児）の就職は比較的スムーズに採用がきまっていきました。地元胎内市の大根田電機には、私の教え子を雇用していただき、時には長年にわたって勤務していた知的障害者が五人いました。障害者雇用の問題は経営者の考え方や窓口の担当者の理解の度合いによることも多い中で大根田電機では常に率先して受け入れています。新潟県知事賞は勿論、全国の雇用促進協会賞をうけてきました。現在も教え子が社員として働いています。

しかし卒業生の中には就職をしたが、石油危機以来の不況の中で解雇になり在宅している子もいて、企業に依存するのでなく自分たちの作業所づくりが急務となっていきました。その現実の姿を多くの方たちに理解してもらう願いもあって、そのころわたしは毎年、障害児を取り囲む実際を記録した本を書いて世に訴えてきました。

雇用をもらうのには限界がある。それなら、自分たちで働く場をもてないか。桐生の思いは作業所づくりへと展望をひらいていく。

――わたしは、昭和五十四年四月十五日から卒業生五人で、若宮神社のそばにある老人集会所の和室の一室を中条町から借りて、毎週日曜日の午後に「結び折り」からはじめてみました。教え子の卒業生で働く場のない子どもたちのための生きがい対策でした。集会所の近くに教え子で三人もの対象児がいたので、集会所は七月改築とわかっていましたがまずそこを借りてスタートしたのです。四月、五月と二カ月、毎週土曜日の午後七回、部屋を借りるのも資金が無く、担任であるわたくしが責任を持ちました。勿論、保護者も作業には協力してくれました。

七月からは二キロほど離れた集落にある保護者の農作業所を借りることが出来ました。そこで卒業生の体の不自由な女の子二人がパラグラスの保安紙はぎ作業を初めてやってみたのです。

子どもたちに教えられて、福祉作業所スタート

この作業はクラレの工場で生産されたアクリル樹脂板の必要部分を裁断した後に残された端切れの、表面を保護してあるマスキングの紙を剝がす作業である。紙をはがしたアクリル板は資源として再活用されるので、纏めて工場に送り返すまでの作業である。

――わたしも毎週土曜日に行って見ますと、二人の女の子は休まずパラグラスの保安紙をはぎとっていました。彼女たちは、いきいきと作業をしていました。母親も大喜びでした。朝は起こされなくても一人で起きて作業に行くといいます。ダウン症の女の子で寿命が二十歳までといわれた子でしたが、たのしそうに作業に取り組んでいました。

もう一人の女の子も一日も休まず自転車で通ってきました。彼女は十七歳になった今日まで、

家のなかだけで過ごしていたのですがここに来るようになって、初めて外に出ました。しかも働くという体験をして生きるということを自覚したのです。はじめは何事にも怯えていましたが、作業所に通いはじめて二カ月もたつと表情が変わっていき生きと輝いてきました。

わたしは彼女たちに教えられました。人間というものはこんなに変わるものかと、わたしは子どもたちに教えられて本気になったのです。

このときの作業で得た労賃は働いた子どもたちに均等割りにしてくばりました。その月の作業量によって違いがありましたが、多い時は一人一万七〇〇〇円。最低五〇〇〇円になりました。親たちは子どもが給料を持って帰って来てビックリ。中には神棚に上げて涙を流す親もいました。

こうして昭和五十五年には、虹の家の前身である中条福祉作業所がスタートしたのである。桐生の「本気」が町を動かしたのである。中条町熊倉信夫町長、同福祉課の協力を得て、中条高校の旧校舎を借用して、近隣三町村の利用者九人（中条中学の教え子三人、加治川村二人、紫雲寺町四人）で県の認可を取り、通所援護事業の中条作業所の設立に漕ぎ着けた。県内で九番目、阿賀野川以北では初めての施設であった。利用者のために九人乗りの送迎バスを地元の民間テレビ会社ＮＳＴからの寄贈を受けて走らせた。

――わたしが教師として障害者教育に関与し、卒業後の受入れ対策を父兄たちと話し合ってきて十年後に、障害者の就労の場を公式に立ち上げて、通勤バスが走りだしたのです。これがのちに虹の家に発展していったのですが、わたしにとって大きな記念すべき年になりました。

桐生の知的障害者への深い愛情が特殊学級に通わせている親たちの心を動かした。単に学校教育の三年間だけでなく卒業後の就労にまで配慮し、明日への大きな目標を持った組織になっていった。この桐生の働きがのちに大きく開花していくのである。

作業所に来る子どもたちは半年も立たないうちに十二人となり、その後も希望者が多く、やがて九年後の平成元年には定員三十人の、現在の虹の家に発展していったのである。

新発田市本丸中学校――地域に門戸を開く障害児教育

桐生は中条中学校に十七年間勤務した。その後、昭和五十六年新発田市本丸中学校に転勤した。本丸中学校は大正時代に建てられた木造の古い校舎だった。桐生が担任する生徒は二人だった。そのためか教室は陽もささない小さな部屋だった。桐生はすぐに陽が差し込む隣の部屋に移動させた。

数年後、新校舎ができたときは、市内はもちろん近隣町村の特殊学級希望者をみな受け入れていくために、三十二メートル以上の長さをもつ三教室を特殊学級用に配分させて、知的障害児学級、情緒障害児学級、身体障害児学級をつくった。さらにプレールームや作業室も設置。三障害交流教育をはじめた。市内中学校のほかの特殊学級との交流会を組織し、親子学習をはじめ障害児教育に関連性を持たせた。はじめは職員からも反対はあった。

障害の重い子どもたちが新発田市の学区外から多く来ていたし、近隣町村からも何人も来ていた。遠くて通うことができないというので、子どもの教育のために他の市町村から新発田市に引っ越してきた家族も二組もあった。卒業生の半数以上は、みな学区外からの子どもたちだった。その他に不登校の子どもたちを何人も受け入れてきた。普通学級に在籍していて、一年間も桐生の学級で学び卒業していった女の子たちが三人もいた。桐生を訪ねてきて親子の切なさを涙と共に語っていく母親もいた。不登校の子ども本人や親の苦しみも知った。

——当時の特殊学級には、いわゆる知恵遅れの子どものほか、通常学級では学習についていけない子どもや集団行動ができない子どもなどもいて、実際の指導は大変でした。わたくし自身が専門家に判定を依頼して特殊学級に入れることを勧めた子どももいましたので、「この子を入れてよかったのか？　判定に間違いはなかっただろうか？」などと悩み眠れないこともありました。

しかし、普通学級にいて一言も話せなかった子どもが口をきけるようになったり、問題を起こしてばかりいた子どもがいきいきと目を輝かせている姿を見たとき、「やっぱりこの子はこれでよかったのだ」と納得する日々を繰り返しました。

就学義務化の後には、重い知恵遅れの子どもや自閉症の子どもも入ってくるようになりました。また通常学級の不登校の子どもを一時的に預かるケースなども出てきました。そんな新しい子どもたちを真っ先に温かく迎え入れてくれるのは、特殊学級の子どもたちでした。欠席しがちな不登校の子を気にかけて「A子さんはどうしたのかな？　明日は来られるかなあ？」と自分のことのように心配してくれました。知恵遅れといわれる子どもたちですが、そのこころはどこまでも澄んで、清らかであることを、関われば関わるほどに実感していきました。

中条中学校にいたころ、中条町にある輸出用の電気部品を作っている大根田電機株式会社中条工場からも仕事を受注し、親子で作業をして働く我が子の姿を脇で見つめました。作業で得た報酬は、地元にある「盲老人ホーム胎内やすらぎの家」などの福祉施設に寄付してきました。一生懸命に働く子どもの姿に、親御さんは社会的に存在価値のあるわが子を見出したのです。そうしなければ子供たちへの偏見をなくすことはできなかったのです。

親御さんたちとの交流は「学級ＰＴＡ」だけでなく、「親子学習」という形でも実践しました。参加型の授業参観のようなもので、一緒に楽しくゲームをしたり、作業学習を体験しました。そのメニューのひとつに「宝探し」というのがありました。これは、それぞれの子どものいいところをお互いに見つけ合うゲームでした。我が子の意外な一面に驚いたり、短所だと思い込んでいたところが長所に変わったりと、親御さんたちの我が子に対する誤解がなくなり、ありのままを理解し認めるきっかけになっていきました。そして、ありのままの自分を認めてもらえる安心感こそが、子どもたちを大きく成長させる力となっていったのです。

子どもとの日常の実践こそ親と地域を変える

――「親が子どもを正しく理解し認める」↓「子どもが感じて情緒が落ち着く」↓「親はますます子どものよさを認める」↓「子どもはさらに成長する」こんな図式になるのでしょう。

まずは親御さんたちの意識が変わることで、このようなすばらしい循環が繰り返されていくのです。これは何も障害児にかぎったことではないでしょう。わたくしは、この子たちとの生活の中にこそ「教育の原点」があるように思えてなりませんでした。

この運動について桐生は後に『評価と今後の問題』と題したメモを書き残している。

「無我夢中で歩みつづけた過去五年間の中で、残されている問題はたくさんありますが、かなりの成果があったものと評価できます。第一に子どもをバカにする人がいなくなりました。わたしたちの学級へも親の希望で入級してきます。片身のせまい思いをしていた親たちが、障害をもつ子どもを連れて会に出てきます。大勢の前で堂々と子どものことを訴える親もでてきました。このように親の自覚や地域社会の方々の理解が高まってきています。

設立後、日の浅い町村育成会への協力や他団体との協力、ミニコロニー建設運営のための組織をあげてのバックアップなど、さらに在宅児童の推進、ボランティア活動など、また、コミュニティセンター、通勤寮建設など、会員一人ひとりが人間尊重の精神を自覚し、自分たちの会を育てあげるという強い信念をもって活動していきたいものです。

組織が大きくなればなるほど、その運営にいろいろとむずかしい問題がでてきます。施設ができるということで満足はできません。わたしたちの目的は、組織を強化し、施設を建設するということだけにあるのではなく、一人ひとりの人間の生命が尊重され、みんなが幸せに生きる社会をつくることにあると思います。そのためには、これらの運動を通して親が自覚し、地域社会の人々の意識の変革をはかり人間の価値観、人格の平等観を培っていくことが最も大切であり、現実の子どもとの日常の実践こそがその鍵であると思います」

このころの昭和五十七年には、六月大宮～盛岡間の東北新幹線が開通したのに続いて十一月には大宮～新潟間にも上越新幹線が開通した。東京オリンピックを前に開通した東海道新幹線に遅れること十八年後だった。

上越の豪雪地区を走るために線路に地下水を吹きつけて雪を溶かす対策をとり入れ、雪に強い新幹線をアピールした。しかし大宮から上野までは在来線を走る乗継列車に乗り換えなければならなかった。

三年後の昭和六十年大宮から上野まで延伸営業が可能になり、平成三年（一九九一）になってようやく念願の東京駅に乗り入れが実現した。

6の章　ぼくたちの仲間──自閉症の泰男君と子どもたち

自閉症の泰男くん

桐生は長い教員生活の中で多くの子どもたちと出会ってきた。そのどの子も、共に時間を共有した子であり教師としての人間性を磨き育ててくれた子だといえる。その中で特に桐生の心に残っている子どもに、泰男君がいる。

──わたしが中学校の特別支援学級の担任をしていた時に入ってきた重い自閉症の子どもです。泰男君は目を離すと教室を飛び出し、先生の指示に従わず手におえない子と、小学校からレッテルを貼られて入ってきました。教室でもテレビやラジオをつけておかないと落ち着いていない子でした。放送に出てくるコマーシャルが大好きなのです。呼んでも返事もないし、ほかの子どもたちが声をかけても返事がありません。

自閉症特有の協調性が全くありません。ですからジャンケンもできないし、みんなと一緒に遊べません。体育の時間で徒競走をすると彼はとんでもない方向に行ってしまい連れ戻すのが大変です。子どもたちは何とか泰男君と会話をしようとするのですが、まったく返事が出ないのです。

「お母さん、お母さん、学校、学校」

――でも、一カ月二カ月と経つうちに泰男君はオーム返しに言葉が返ってくるようになってきました。

「今朝は学校にだれときましたか？　お母さんときましたね」

「お母さんときました」

「今朝はご飯を食べてきましたね」

「ご飯を食べてきました」

こうしたことから、ほかの子どもたちは、泰男君を認めお互いの輪の中に誘い込むように気を配っていました。

泰男君の小学校時代は絶えずお母さんが教室でもつきっきりでした。ちょっと目を離すと教室を飛び出してどこかに行ってしまうのです。その都度、大騒ぎになって探し出す。ということが度々ありました。そのために小学校の卒業式には出してもらえませんでした。中学の入学式には私の責任で職員をつけて参加させました。

中学校へ来るようになってからは、お母さんが運転する車で送り迎えしていました。それでもあるとき、ぷっと教室を出たまま行方がわからなくなりました。どこを探してもいない。機械が好きだから泰男君の興味のありそうな理科室、印刷室、音楽室、校舎内どこを探しても見当たりません。万一外に出たら大変です、学校の前は車の通りが多いし、一人では帰れません。不安な気持ちで教務室に戻ってみますと、なんと彼は部屋の隅にある電話機を持ってダイヤルを回していました。教務室に一人残っていた、教頭先生がびっくりして「こらこら、黙って部屋に入ってきて——。電話を回したら駄目だ、駄目だ」と叱ってもそんな注意など聞くわけがありません。やがて電話がつながり、

「お母さん　お母さん　学校　学校」

ガチャン。電話を置くと教務室をとびだしていきました。

泰男君のこの言葉は感動的な彼の心の表れだったのです。彼は、お母さんを安心させるために自分は今学校にいることを報告したのです。

絶えず泰男君の行動を心配している母親のことを想い、心配させないように母のことを思ったのです。

わたしはお母さんに電話をしました。はじめのうちは、初めて我が子が電話をかけてきたこ

とを信じませんでした。「先生が脇にいて掛けさせたのでしょう」というのです。

実は、「お母さん、学校」という泰男君の言葉には母親をいたわる気持ちの表れではないでしょうか――と説明して納得したお母さんは「やっとこの子が親の気持ちをわかってくれた」といって感激で泣きだしました。

このときわたしはこの四つの短い言葉の中に母と子の断ち切ることのできない、人間としての親子の深い愛情、絆がひそんでいたことを発見しました。

「ぼくは、泰男君と友だちになる」

――またある日のこと、授業がおわって掃除の作業に入ったとき、泰男君がまた居なくなりました。風の如くとはこのことです。今までわたしの脇にいたのに――クラスの子どもたちがあちこち飛んで探し回りました。と手洗いの水道の脇に三年生に連れられて立っていました。頭には、蜘蛛《くも》の巣をかぶり、服にもゴミがいっぱいついています。聞くと、泰男君は掃除のときに古新聞を見つけ、そこに書いてあったテレビ欄の数字を見てテレビをみるためにあっち、こち、とびまわってテレビを探し、とうとう物置小屋にまで入り込んでしまったというのです。

とかく自閉症の子どもはテレビが大好き、コマーシャルが大好きです。新聞のテレビ欄を見つけた瞬間に大好きのコマーシャルを見るためにテレビを探しまわったというのです。それにしても子どもたちが安心して泰男君の頭のくもの巣を取り除き、汚れた服のほこりを払ってくれました。女の子はハンカチを濡らして泰男君の汚れた手を拭いてやっています。

その子たちも知的障害者と言われている仲間たちです。しかし泰男君に寄せる心配りと優しさはこの子どもたちの持つ純粋性なのです。この子どもたちのこころは健常者なのです。

次の授業の時間で子どもたちは、「ぼくは、泰男君と友だちになる」「ぼくは、泰男君と仲良くなる」と書いてくれました。

「みなさん。今日は良いことをしてくれました。みんなで泰男君のことを心配してくれました。泰男君は言葉が言えないけれど、こころの中でありがとうと言って、みんなに感謝しているんだよ、泰男君は皆と共にいると嬉しいんです。だから毎日学校に喜んできてくれているんだね」

わたしは教師として子どもたちに感謝をしました。特別支援学級に学ぶ子ども同士の中に高い連帯意識が生まれてきていることにきづいたのです。

その後しばらくたって泰男君に笑いが出てきたのです。今までは笑うどころか泣くこともできなかったのです。嬉しさを率直に表現できるようになったのです。人間性が蘇ってきたのです。そんな泰男君を見てお母さんは涙を流して

「クラスの皆さんの泰男に寄せる優しさに、泰男は自分の心を開くようになったのですね。

先生がいつも泰男は飛び出すことはしないから安心するようにとわたしに言われていたのは、わたしを安心させるためで、本当は隠していたのだろうと思っていました。――だけどクラスのみなさんがかかわっていてくれたからなのですね」

お母さんの大粒の涙は光りながら幾つも幾つも頬をつたわっていました。

教育は人間的な関わり合いが大切なのである。子どもが良くなれば親も変わる、すると接触する子どもたちも変わる。その関わり合いの中でお互いに成長するのである。子どもの小さな変化を素早く読み取り、そこに喜びを見つけ出せる教師でなければならない。

教育は、命と命、人格と人格、魂と魂のふれあいでなければならない。教師は体の医者になれなくても、子どもの人格や魂を尊重できる、心の医者でなければならないのである。

「一人で来た。バスで来た」

――週末の学校が休みの日には泰男君のお母さんはクラスの子どもたちを呼んで、泰男君と一緒に公園やプールにまで遊びにつれて行ってくれました。

こうして泰男君はクラスの大事な仲間として皆に認められるようになると、落ち着きが出てきました。教室から一人で自由に遊びに出られるようになりました。そのうえ家に帰ってからも一人で外に出られるようになっていきます。

土曜日のある日、「五時、五時」と外に出してくれとせがまれ、お母さんは不安でしたが、一時間だけねと念を押して時計を持たせて出しました。これはお母さんの大きな賭けでした。中学生になった我が子を生まれて初めてひとりで外に出したのです。泰男君は喜んで自転車に乗って出かけました。

このときのお母さんの心境は如何でしたでしょうか――。一刻、一刻が、心配で時計とにらめっこがつづきます。長かった一時間が過ぎようとした時に、泰男君が戻ってきたのです。お母さんは自分より大きくなった我が子を抱きしめて感激して泣きました。

「先生、信じられない奇跡が起こりました」と、詳細を泣き声で知らせてきた電話にわたしも感激しました。

こんなことがその後何回かあって、泰男君は少しずつ社会性を身につけていきました。やがてお母さんは、学校へも一人で通わせることを考えました。それまでは、お母さんが運転して泰男君を登下校させていました。そこで泰男君と一緒にバスで通学をはじめました。バスの中では泰男君はコマーシャルの言葉を大声で叫んだりすることがありましたが、四カ月後の寒い朝、泰男君が息を弾ませながら教室に駆け込んできたのです。後ろにはお母さんの姿がありません。

「おはよう、一人で来た、一人で、バスで来た。バスで来た――」

頭から湯気が立つほど興奮気味で、得意そうです。みんなに早く知らせたくてバスを降りると教室まで走ってきたのでしょう。クラスの子どもたちは、「えらいぞ。泰男君頑張ったね」と泰男君をほめたりいたわったりしています。そこにお母さんが飛び込んできました。教室にいる我が子の姿を見てお母さんは胸をなでおろし、「今朝は、泰男が先に家を出て一人でバスに乗ってしまったので大急ぎで車であとを追ってきました」。

「一人で来た　バスできた」という泰男君の姿に良かった――とお母さんはただ感激の涙を流すばかりでした。

泰男君は音楽の時間では器楽演奏が大好きです。コマーシャルでリズム感覚を身に着けたからでしょうか、教える音楽の先生がほめるので益々彼は好きになって正確なリズムでメロデオンを上手にこなしています。学内音楽祭でもほかの仲間と一緒に演奏し会場から拍手を浴びていました。

D51の写生画で県ジュニア展入賞

――泰男君は三年生になりました。そのころになると母親の手から離れて一人の行動ができるようになりました。一人で床屋に行ったり、市営球場に高校野球を見に行って終わるときちん

当時の国鉄を代表するD51型蒸気機関車。昭和15年から47年までの32年間、新潟県内を走り、その距離は地球を51周した。

と帰って来るようになりました。買ってもらったグローブを手にしてお父さんとキャッチボールを楽しむこともできました。

秋には全校生徒が一緒になって公園に置いてあるSL機関車D51の写生会がありました。この日泰男君は張り切っていました。もともと彼は小学生のころからコマーシャルの絵をかくのが大好きでした。このD51機関車もテレビで観たり図鑑で観たりして模写をしていたので泰男君は張り切っていたのです。

午後三時になって写生会は終わりになり、未完成の人は後日学校で仕上げをすることになりみな公園を引揚げました。けれど泰男君は迎えに来たお母さんを脇に待たせて写生を続けています。暗くなってお母さんにうながされるまで続けたあと、やっと一緒に帰りました。

やがて文化祭にその時の写生画が展示されました。泰男君の絵は、ひと際目だっていました。細かい線で画面いっぱいに描かれた機関車は、迫力があり今にも動きだしそうです。

学校はその後、泰男君の作品を県内の有力新聞社主催のジュニア展に出品しました。

十一月末その新聞に入賞者として泰男君の名前が大きく掲載されました。全校生徒八〇〇人いる中でその年は普通学級で五人、泰男君のいる特別支援学級から一人。計六人の入賞者が出ました。

次の月曜日の朝。全校朝礼で賞状の伝達式が行われました。泰男君は大声で返事をして踊るように壇上に上がり校長先生から賞状を受けました。

「県ジュニア展は権威ある美術展です。本校では今年も六人の入賞者を出しました。中でも泰男君のD51を描いた作品は、時間をかけて緻密に描き努力した跡が、見る人に伝わってきます。泰男君の態度は立派です。全校のみなさんは見習わなければなりません」

校長先生の言葉に泰男君は、なお一層喜びが湧いてきて落ち着きません。午後授業が終わると、一人で以前学んだ小学校に立ち寄って先生に賞状を見せて報告してきたのです。

お母さんは新潟市のデパートで開かれた県ジュニア展を泰男君を連れて見に行き、D51の絵の前で写真を撮り親戚に配りました。

あらためて、一人ひとりを大切にする教育を

――学校は子どもが主人公です。子ども中心の考えに立って、この子にどう関わっていくか、一番切ない思いをしている子どもに、夜も寝ないで考え本気で関わることが大切なのです。ど

んなに重い障害をもつ子どもでも、尊い命を持っているのです。一人ひとりを大切にする教育は、命を大切にして人間的な生活を保障し、相手の人権や人格を尊重することを理解させることなのです。

　わたしが泰男君を担任している間は、わたしが担任をやめないかぎり、誰もわたしに代わることは出来ないのです。ですから一人ひとりの存在がみな大切なのです。人間存在の意義はそこにあるのです。

　ある幼稚園に行った時でした。淋しそうにしている子どもに、他の子どもたちが、「この子だめなんだよ」と言っていました。するとその子は緊張してみんなの中に入れないのです。その背後には担任する先生の人間性と指導・援助が問題なのです。重い障害をもつ子に焦点を合わせて支援し関わっていくことは、人間の命や人格を大事にする教育なのです。

――二十世紀最高の哲学者と言われた、オーストリア出身のマルティン・ブーバー（一八七八～一九六五）は「我（わたし）と汝（あなた）」の関係が「わたしとそれ」との間係になっていないかを問うています。「わたしとあなた」の関係は、相手を自分と同じ人格を持った一人の人間として認め関わっていることなのです。

　どんなに重い障害を持つ子どもでも、いろいろな問題を持つ子どもでも、かけがえのない命や人格や魂を持った一人の人間なのです。

キリストの言葉に「人は全世界をもうけても、己が命を損じたら、何の得になろうか」と言うのがあります。命ほど尊いものはないのです。人はだれでも内に秘めた尊いものをもっています。それは命であり、人格であり、魂です。

教育は教え育てると書きます。教育は人格と人格、魂と魂の触れ合いなのです。ですから誰でも持っている命を、どう生かして生きるかが最も大切なのです。そうでなければ本当の生きがいを生み出すことは出来ないのです。

法句経一八二番、お釈迦様の言葉に「人の生を受けるは難く、やがて死すべきものの、今、命あるは難し」というのがあります。地球上には何千億という生き物が住んでいますが、その中で人間は約七十億、ですから人間として生まれてきたことはありがたいことです。限られた命、やがては死んでいくのです。命ほど人切なものはないのですが、その命をどう幸せに生きるかということがもっと大切なのです。

——重い障害の子どもにかかわることは、かけがえのない人間の命や人格を大切にすることであり、相手をかけがえのない命をもった一人の人間として認め、より充実した人生をおくることができるように支援し援助することが大切なのです。

わたしたちは重い障害の子どもや問題を持つ子どもに本気で関われば関わるほど、子どもや親たちによって自分が人間的に大きく育てられていることを忘れてはならないのです。

わたしは、泰男君親子が自閉症という重い障害をもった我が子を成長させ自立させていく過程を見つめて教師として教育の力の素晴らしさを体験することができたのです。

あれから三十年余。泰男君は自立し往復十数キロもある通所授産所に通っています。

第3部
「来る人拒まず。利用者が主人公」の施設を
「虹の家」園長・桐生清次

1の章　「利用者の幸せ」を中心に

――「虹の家」園長に赴任する

『虹の家は利用者の人権と人格を尊重し、障害の重い・軽いや年齢にこだわることなく、人間として生きてきた命を大切にし、来る人拒まず、希望者をみな受け入れよう』

毎年、桐生清次がまとめている「虹の家」の運営方針の一部である。

『だれもが
今日もきてよかった
そんな虹の家を作ろう
威張る人も
怠ける人もいない

助け合い　励ましあう
そんな虹の家を作ろう』

桐生清次がつくった「虹の家のこころ」という詩の一節である。

教職を退職し、園長に

虹の家は、桐生が本丸中学校に在籍中の平成元年に組織化された社会福祉法人七穂会によって運営される知的障害者通所就労支援施設である。昭和五十五年に桐生たちの働きかけで発足した通所支援事業の中条福祉作業所は、七カ市町村（旧中条町・黒川村・紫雲寺町・加治川村・聖籠町・新発田市・豊浦町）の行政の協力のもとで、平成元年四月に組織された社会福祉法人七穂会を母体にして虹の家を設立、定員三十人の知的障害者の就労の事業所としてその歩みを始めた。

現在は「障害者福祉サービス事業所」の範疇にあり、特殊学級（現特別支援学級）や養護学校（現・特別支援学校）の卒業生たちに就労の場を提供している。『知的障害者援護施設等入所者の地域社会への移行の促進に関する法律』に準拠している。

昭和四十五年中条中学校の特殊学級の担任になった桐生は、障害児のケアーを天職と受け入れ、特に知的障害児の卒業後の就労による生きがい作りに教員として励んできた。手をつなぐ親の会を立ち上げて地域の企業と連携して雇用の促進と福祉作業所の設立に努力し、この虹の家の基盤となった中条福祉作業所を誕生させ、昭和五十六年新発田市本丸中学校に移りやはり知的障害児の教育支援と就労問題に取り組んできた。

こうした足跡を残した長い教員生活に終止符を打つ日が近づいてきた。平成六年三月末日定年となり教職からはなれることになった。

その前年の秋のこと。福祉作業所設立当初から桐生の良き相談相手となり実現に向けての協力者であった熊倉中条町長は、桐生の定年退職を知って懇請してきた。

「あなたこそが虹の家の園長である。あなたしか考えていない。定年後は虹の家に是非——。これからが虹の家が真価を発揮するときである。その原動力になってほしい」と強い要請をうけたのである。

——障害児を長年見てきたわたしはせめて定年後は、その世界からはなれて自分を見つめたいと考えないわけではありませんでした。私立大学の教授に迎えられることも内定していました。だが、学校を卒業した教え子たちが、働く場が無く家庭で無意味に時間を過ごし、家族に厄介者とみられ、社会からも奇異の眼で見られていることがわたしは耐えられなかったのです。

己の我欲を黙殺して虹の家に行けば、それらの人たちに笑顔を送ることができるかも知れない。わたしはあのへき地と言われた村で見た子どもたちの輝く命をもった純粋な心を、障害を持った子どもたちの中から引き出して、喜びをもたらすことができるのではないか。これからの虹の家の仕事にこそ自分に与えられた道があるのではないだろうか。わたしは模索し、迷いのなかから結論をだしました。

平成六年四月、わたしは新発田市本丸中学校を定年退職すると同時に虹の家の園長に迎えられました。昭和五十五年に特殊学級の卒業生のための就労の場として立ち上げた中条福祉作業所がこんなにも成長していました。わたしは感謝して虹の家にはいりました。そしてわたしのすべきことは何かを自問しました。

虹の家は困る人のために、障害の重い軽いや、定員に関係なく、希望者は定員外実習生としてみな受け入れる方策をとりいれた運営方針を掲げました。

しかし、何かがおかしい

桐生が園長に就任した平成六年四月、『虹の家』は設立から五年を過ぎたところだった。毎日の作業訓練だけでなく、遠足や収穫祭、親子旅行、演劇鑑賞やスポーツ大会など各種行事も行われ、広報誌も発行されるなど、運営形態としては順調に進められているように見えていた。だが、桐生にはどこかボタンをかけちがえたシャツを無理に着こんだようなぎこちなさを感じた。

桐生が虹の家に赴任したばかりのとき、若い女の職員が利用者を事務室に呼んで、「そんなことであんた自立できるか。あんたが悪いぞ」といって叱っていた。

――そのときわたしはとてもショックを受けたのです。あなたが悪いということは相手の人格を否定することです。あなたのやっていることは間違いだよ。それは直しましょう。それは人間だから誰でも間違いはあります。間違っていて悪いということではなく、こうすればいいのだよ。といって教えてやればいいのです。裏を返して親切に教えればいいのです。

利用者のやったことが正しいことであっても、あなたのやったことが悪いといわれると、悪いと思い、悪いと受け止めてしまうのです。それほど、純真で素直で正直に生きている人たちなのです。例えば、ここに毒まんじゅうがあります。これはおいしいまんじゅうだよ、わたしが食べるからあなたも食べてみなさいというと、なにも疑わずに食べる利用者だっているんです。それほど正直に生きている人なのに、どうしてあなたが悪いなどというのですか。何で相手の人格を否定するのですか。

「利用者中心」ではない!!

虹の家は平成元年定員三十人でスタートしていたが、その後十人多くなり、桐生が虹の家に来た平成六年は定員四十人で欠員が一人あって三十九人しかいなかった。しかも入所希望よりも、やめたいという利用者が三人もいた。保護者が辞めさせてもらいたいといってきた人もあった。知的障害者の就労施設ということもあって虹の家開設当時から、自立ということがうたわれていたために、重い障害の利用者にも経済的自立を目指すことを無理強いしていたのである。当時、虹の家は設立して五年しか経っていないので、職員もまだ若い人だけで、大学を出てきたのに現場経験が少なくて、しかも専門的な知識を習得してきた人は殆どいなかった。施設は何と言っても愛情の豊かなサービスが行き届いたところでなくてはならないはずである。

――わたしは、実際に日々の様子をじっくりと見て回るうちに、一番大切なことが疎かになっているのでは？　と不安がよぎったのです。職員と利用者との関わり方に、「利用者中心」とはいえないようなやりとりが多く見受けられたのです。

作業に利用者を押し付けようとするから、こんな仕事をしたくないといい、生活や作業に不適応を起こしている利用者も多くいました。そうするとそんなことでは給料をやれないとか、旅行にもいかれないぞ、と、利用者に言う職員もいました。それは違うのです。

もちろん、職員たちが悪かったのではありません。むしろ彼らは、組織の一員として個々の役割を懸命に果たそうと頑張っていました。ただ、その中心に置くべきものが「利用者の幸せ」であることに気がつかない、もしくは気がついていてもその具体的な方法を知らない……。

決して能力不足なのではなく、指導不足、経験不足が問題なのだと感じました。

努力の過程に価値を見出していく――研修で職員の意識を変える

そこで、桐生が着手したのは、職員研修の強化だった。教員時代に蓄えた学識と実践を参考にしながら独自のカリキュラムを作り、毎週、桐生が講師となって研修を行った。そこでは「利用者の人権と人格を尊重した利用者中心の運営」を目指す運営方針を明確に示し、その土台となる理念（サービス精神・創意工夫と努力・ノーマライゼーション・地域への奉仕など）をひとつひとつ解説していった。さらに、「障害」についての専門知識をふまえた上で、障害者支援の具体的な実践方法についても詳細に解説を行った。

この定例研修のほかにも、他法人施設への長期派遣研修も実施（一人一カ月ずつ）して、職員の視野を広げ見識を深める対策もとった。これは当時、県下初の取り組みとして職員たちの意識に改革がもたらされた。それに九月からは指導主任に学校の退職教員を採用しサービスの充実に力をつくした。

――平成七年の十一月、他の入所施設から来た重い自閉症の利用者は、帰りに踏み切りで電車を止めたことがありました。それだけでなく、来たころは大暴れして窓ガラスを割ったり、机の上にあったワープロを何台も振り落として壊したりしました。当時はかなり高価でしたので何十万円もの被害が出ました。しかし、わたしはどんなに重い障害を持っていても、決して断ることをしなかったのです。母親がわざわざ虹の家まで本人を送って来ては、朝礼で利用者にお詫びして帰ったこともありました。

――若い職員のために事例研究もして定着させていきました。職員の半数以上は女性で、若くて担任したこともない職員が多くいました。園長も行政上がりの素人でしたから、こんな重い子を送り込む方が悪いと、園長会議で発言する人もいました。ある職員などはどうしてやっていけばいいか判らないというので、既存の他法人の施設にお願いして園外研修を実施したのです。それがきっかけとなって、その後も同法人と交流研修会を持ちました。そうすると大きく変わってきました。そこで事例研究会を続けていったのでした。

――相手の人格を否定してはならないということを、みんなで学ぶために全職員で研修をし、人格とは何か、自主性とは何か、人格とは単に人柄などということではなく、人格を構造的に捉え、感情を直視すること。自主性を養うために職員は何をすればよいか、研修会で討議しました。

『職員は常に研修に励み、人間性と専門性を高め、知・情・意の調和のとれた人間として利用者に深い理解と愛情をもって支援と援助にあたる』桐生の職員に対する基本的な要望である。

――はじめは、こうして研修を通して職員の意識の変革を図りました。

それからもう一つは、職員は、利用者を大切にすることです。あの利用者は、あれはできる。あの仕事はできない。できる、できないで人間を評価してはならないのです。一人ひとりにできる仕事を選択させて、できる仕事を与え、結果だけを重視するのではなく、その努力の過程に価値を見え出していく。これを基本にしていくのです。

結果だけにこだわることでなく、努力の過程を重視することによって繰り返しの中で喜びを生み出していくのです。そうすると利用者も変わってきました。

①喜んで来られる虹の家。
②できることをさせる虹の家。
③保護者や地域と共に励む虹の家。
を目標に職員たちと共に努力してきました。

利用者が主人公

利用者による作業選択

しかし、如何に利用者の主体性・自主性を重んじるといっても全く野放しの状態に置くことはできない、そこに職員の支援が求められることは当然の理である。職員支援の在り方を変えることに桐生は力点を置いた。

利用者の生活の充実は、利用者が虹の家という集団生活で一人ひとりが個性を発揮し、生きがいを感じながら交わることにある。そこに人格的な交流が行われ、その結果が利用者に意欲が湧いたり、短所が少しずつ少なくなったり、発達したりといった満足した生活が実現する。これは集団による人格の磨きあいであり、自己実現である。

職員と利用者との関わり方の問題は、毎日の作業訓練にも影響を及ぼしていた。作業不適応（指定作業に対しての拒否反応による問題行動）が多発していた。当時、利用者の作業内容は、障害の程度や能力、性格などによって、その適性を職員が判断して割り振っていた。これは当時の一般的な方法で、どこの施設でも作業不適応が起こるたびに、その要因が「知的障害の特性」だと片づけられる傾向にあった。

しかし、特殊学級（現・特別支援学級）での障害児の指導経験からしても、これは「知的障害があるため」などではないと桐生は確信した。そこで、作業内容は「利用者自身の希望選択制」へと大きく転換したのである。併せて、その選択を助けるためにも個々の作業への理解を深めることが重要と考え、協力企業への事業所見学も積極的に実施していった。たとえば、電気部品（変圧器）委託工場はもちろん、火力発電所、液体天然ガス工場などにも見学に出向いている。

製麺工場や機械工場への社会見学。どこに行っても自分たちが作った部品が活用されていた

利用者の自治会活動

利用者自身の主体性を尊重する考え方から「自治会活動」もスタートさせた。これは、現在各地から訪れる視察・研修の方々から全国的にも例をみない取り組みであると、評価されている。

「利用者の利用者による利用者のための事業所をつくる」を目標に利用者がそれぞれの委員会活動を行うことにより、自主性・主体性を自ら見出し、職員は、利用者の要望にできるだけ応えられるよう活動を援助する。という基本的な方針に従って、自治会役員会の下に五つの委員会をおいた。

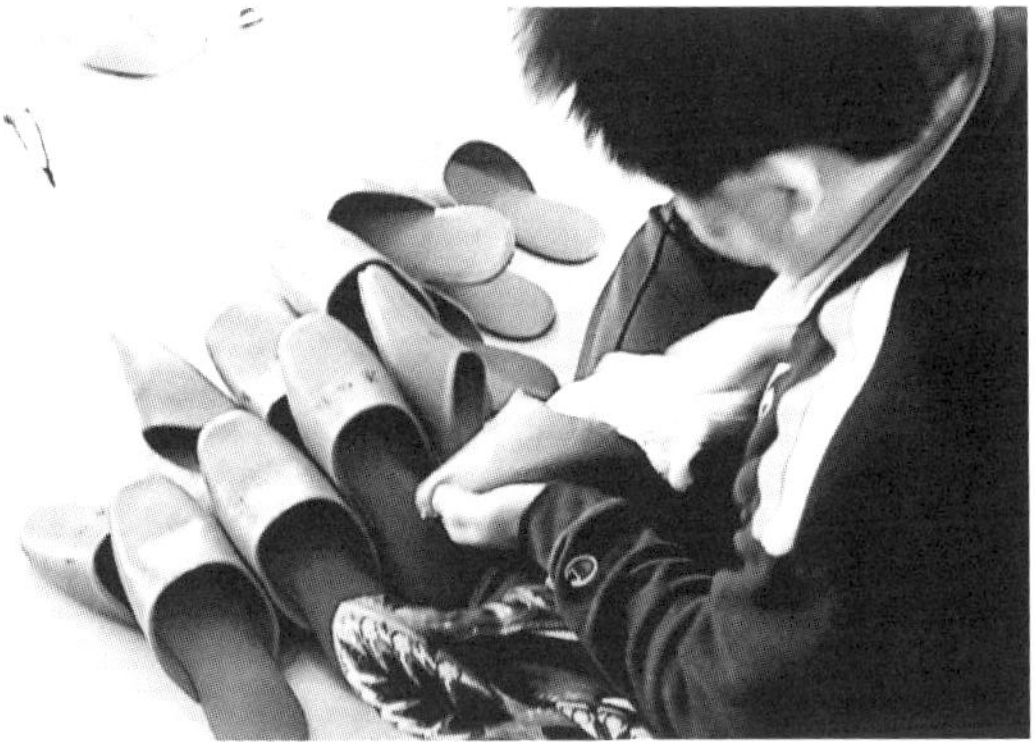

外来者用のスリッパを綺麗にする衛生委員会のメンバー

生活委員会――清掃用具の整理・ごみ処理・花の手入れ
掲示委員会――事業所内掲示・文書の配布
衛生委員会――衛生的な利用の呼びかけ・食事前の手洗い・テーブル拭きの呼びかけ
余暇委員会――ラジオ体操の準備・CDカセットテープの保管・余暇活動の計画、準備
奉仕委員会――奉仕活動への参加・休憩後のテーブル拭き・ボランティアの方へのお世話

自治会役員会は自治会活動の企画運営、朝礼・終礼の司会、誕生会の計画、各委員会の提案についての補助に当たる。利用者はいずれかの委員会に属し職員二名が顧問として助言と活動の援助を行っている。

地域との協力関係も緊密に

自治会活動に「奉仕活動」がある。実例をあげると、「街頭募金活動」のほか、平成七年から十四年までは水道公園の「ツツジの植樹」、平成十五年からは「湧き水の里」の清掃活動を毎年続けている。ここには絶滅危惧種に指定されている冷たくきれいな流れにすむ六センチほどの魚イバラトミヨが生息している。自然保護の大切さを行動を通して体得するように努めている。地域の保育園の「清掃活動」は平成六年からすでに四十回以上行い、協力工場の「清掃活動」も定期的に実施してきている。

「命のアサガオの栽培支援」（平成七年から毎年育て、平成二十一年には『命の朝顔感謝状』を受けた）や

水道公園の「ツツジ植栽」

「湧き水の里」の清掃活動

「ポリオワクチンに交換できるペットボトルのふたの回収活動」も行ってきている。現在までにおよそ五十万個のふたを回収し関係機関に送った。八〇〇個で一人分のワクチンを送れるというからすでに六〇〇〇人以上を救ったことになる。

さらに人間の尊い命を守る大切さをみんなで考え実践していることとして、交通安全の訓練がある。毎年、胎内警察署の交通課長や胎内市の交通課から講師を招いてビデオや交通安全の講話による説明と、虹の家の広い敷地内に横断歩道を描き片手をあげてわたる訓練など、利用者全員が参加しておこなってきた。これは繰り返し実施して体得させることに意義があると考えて実技講習をおこなってきた。送迎バスの運転手の交通指導講習会も実施してきた。その実績が認められ、平成二十五年は新潟県の交通安全協会長賞、新潟県警察本部長賞を受け、同二十七年には関東連合会交通安全功労者表彰を受賞した。

交通安全教室。虹の家の前の敷地に
横断歩道のシートを敷いての訓練

桐生が園長になってからは、虹の家では胎内市の交通安全協会から三回、新潟県の安全協会からは二回表彰をうけている。職員一同が交通事故を起こしたことはなく、日曜、祭日などには利用者の中では車の運転もできる人もおり、自転車に乗っている人も多くいる。そのため交通ルールを徹底的に理解するように何度も研修をおこなってきた。

利用者の健康管理も虹の家としても大切なことである。毎年二回嘱託医によって利用者と職員の健康診断を実施してきた。糖尿病や高血圧など成人病の早期発見と予防に努めてきた。給食にも栄養士の有資格者を雇用し栄養バランスの配慮されたメニューを作成し利用者に喜ばれる昼食を提供している。

桐生は、虹の家の運営には日頃から行政の真の理解を得ることも大切と考え、虹の家の式典や行事の日程の立案には、町長や市長のスケジュールを事前に確認し、必ず出席が得られるように心掛け、関係市町村の福祉担当課長たちの会議などを虹の家に誘致し施設の見学を組み込むなど積極的に虹の家の存在を訴えてきた。旧中条町時代の熊倉町長は六十回以上、現在の吉田胎内市長は連続四十回以上、一回も欠席したこともなく、今までのすべての行事に必ず参加されている。

仕事に取り組む過程に価値がある

虹の家での作業はすべて希望選択制である。

障害が重い軽いに関係がなく、作業は毎年三月になると保護者の意見も入れて第三希望までとって、自分のやりたい仕事を選ばせている。そしてやってみてうまくなかったら四月に変更できるようにしている。

一人ひとりの利用者が自分に適した仕事を選ぶことを基本にしているということは、原則として作業に利用者を合わせないようにしているということである。虹の家での作業は単純作業であるから、ほとんどの作業ができる障害の軽い利用者もいるが、重い障害をもつ利用者には特にこのことが基本なのでる。そして、1の力のあるものは1の力。2の力のあるものは2の力、3の力のあるものは3の力。とそれぞれがもっている力をその人なりに出していれば、それは等しい価値があるとみなすのである。

桐生が赴任する前は、指導員が適材適所という判断で、それにこだわり作業に利用者を合わせていた。そのため作業に不適応を起こす利用者が何人もいた。

——わたしが赴任してからは、だれができる、だれができないなどと他人と比べることはしないことにしました。同じ仕事に打ち込んでやっていますと、必ず上達してきます。1の力のあるものが、自ら2の力、3の力を出して努力している。人間は一人ひとり違っていてあたり前です。その一人ひとりの努力の過程に価値をみいだしているのです。ですから虹の家ではだれができるとかできないとか、上手だとか、下手だとか比べることはありません。この人たちは純真なのです。そしてみんなで本気に仕事に取り組んでいるのです。

ほんの少ししかできない人がいてもだれ一人、文句を言う人は利用者も職員もいません。むしろ手をかけて手伝ってやっています。だんだん時が経つうちに上手になっていきます。自分で自分の努力の後を評価できるし、みんなもそれを評価する。そこに喜びを生み出していくのです。ボランティアに来た人たちはプロの利用者にはかなわないのです。一つができるようになるといろいろな作業もできるようになっていくのです。しかし、初めからはそうはいかないのです。いろいろな仕事をすることによって上達していきます。すると自分からむしろ求めるようになってきます。そこに人間としての発達が保障されるのです。

「自分は必要な存在なんだ」

知的障害者の行動や心の動きを語るには、アメリカの心理学者で世界的に名声を博したアブラハム・マズローの論文を紐解く必要がある。マズローは一九〇八年四月ニューヨーク市ブルックリンでユダヤ系ロシア人の長男として生まれた。大学で法律学と心理学を学び、研究を重ねて一九三四年に心理学博士号を取得しニューヨーク市立大学ブルックリン校などの教授をつとめ、晩年にはアメリカ心理学会会長などを歴任した。自らが提唱する人間性心理学の旗頭として活躍し新たな道を拓いて一九七〇年六十二歳でアメリカ・カリフォルニア州で亡くなっている。

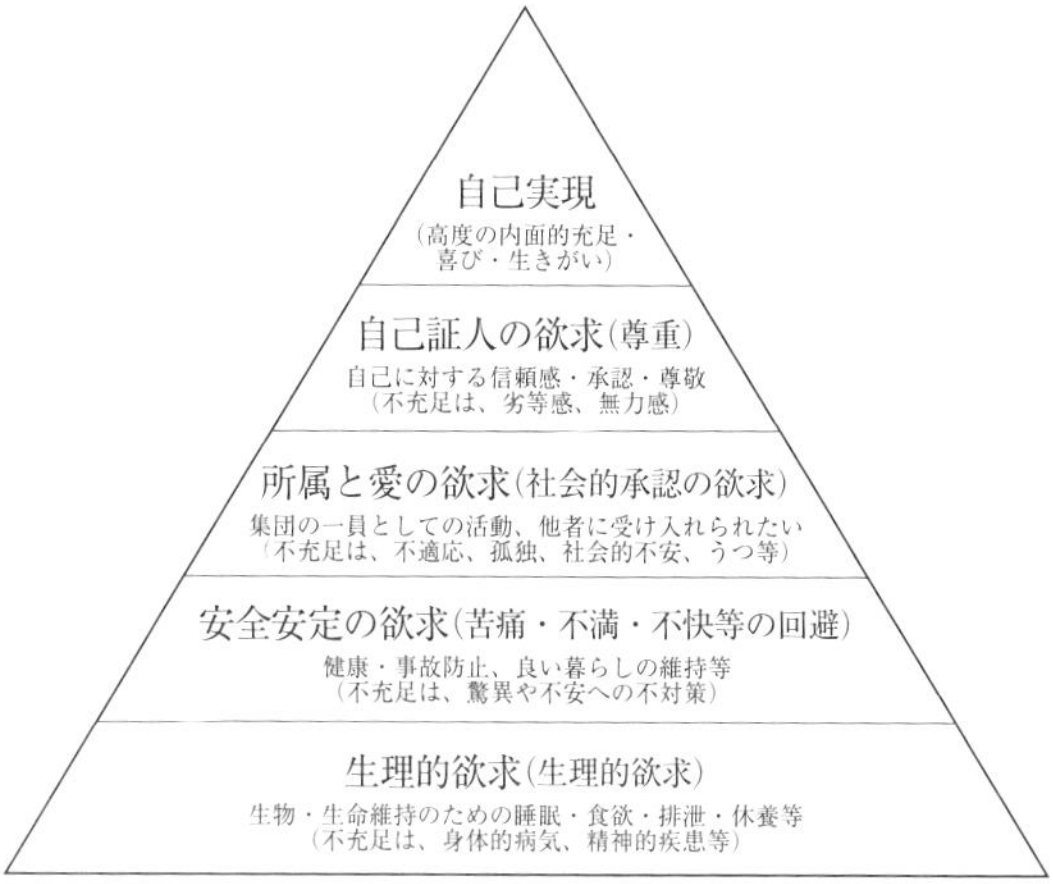

マズローによる５階層欲求（虹の家 事業計画書より）

特に、人間は自己実現に向かって絶えず成長する生き物であると仮定して、「人間の欲求を五段階の層に区分けして理論化した「マズローの欲求五段階説」は、多くの注目を集めている。

そこでマズローは、人間が自己実現するには欲求が満たされていなければならないといっている。人間が生きるための生理的欲求、衣食住を満たすために働く1の段階から、安全安心な暮らしをもとめる行動、安心して働くという2の段階。「安全欲求」が満たされると「社会的欲求」つまり仲間と人間関係を持ちたいという3の段階から、「尊厳欲求」つまり他人に認められたい、精進したいという4の段階、それを通り越すと初めて自己実現の第5の欲求へとなる。（図参照）

このことは「仕事の中で自分を試し、自分を生かしたい欲求」、「人間が一人の人間として持っている能力を伸ばし、能力を発揮したい欲求」であり、これが「働きがい」や「生きがい」につながってくる。したがってマズローが言うようにあるがままに人間らしく生きている知的障害者といわれる人たちの生活の中にもそのことを捉えることができるのである。

――生きがいを生み出すことが大切なのです。新しく入ってきた利用者は最初はうまく作業ができなくても、努力の過程を重視しますと、だんだんとできるようになっていきます。そのためには、利用者が喜んで作業をする、その基本となる本人の感情を重視しているのです。そうするとやる気を起こし、作業を通して生きがいを生み出すことができるのです。そうなると自分が必要な存在であることを意識するようになるから、たまに親が休むように言っても休まないのです。

新しい仕事が入ってきたときも、希望を取ったり、職員が利用者にお願いするにしても決して無理はしないので、みな喜んでやっています。やがてその人なりに仕事ができるようになります。決して不良品を出さないのです。少しでも失敗すると必ず職員に見てもらっています。良くできる人と、できない人と比べることは決してしてはならない。それをしなくなると、問題を起こしていた利用者も作業していく中に生きがいを生み出してゆくようになり、喜んで出勤してくるようになる。不登校の子も、盗みをする子も、作業の中に作業をする目的を持つことが、自己の意識を高め、それが生きがいにつながる。不登校や盗みをする子どもも、生きがいを求めて生きていこうとする欲求は、人間として誰でもが同じように持っているのである。たとえ障害を持とうが人間として生まれてきたからには、かけがえのない命をもっているのである。その命を大切にし、命をどう生きるか、日々を大切に生きていくことが幸せな人生を送ることなのである。

——わたしは、障害という言葉はあまり好きではないし嫌な言葉です。けれども、一応使わせてもらいます。人間は誰でもかけがえのない命を持った人間としてうまれてきたのです。障害を持っているために、悩み苦しみ苦労して生きている人たちなのです。その人たちの幸せのために少しでもお役に立っていこうという精神が、人間愛の基本になければならないのです。少子高齢化社会の中で虹の家では、障害や年齢に関係なく働ける人は喜んできて働いています。

2の章　感謝と奉仕

「ありがとう」は「いのち」をいただく感謝

ＮＨＫ放送文化研究所で、「人と人とのコミュニケーションにおいて一番大切な言葉は何ですか？」という調査をしたところ、「一位＝ありがとう、二位＝さようなら、三位＝はい（という返事）、四位＝おはようございます」だった。

桐生は挨拶の習慣はとても大切だと思っている。

あいさつなどの生活習慣は毎日の繰り返しによって身についていくもので、勿論、強制されて習慣化したのでは何の意味もない。本当の意味で「身につく」とは、その目的や意義を知ったうえで利用者たちが自ら実践し、効果を実感し、周囲に認めてもらうことによって得られるものであろう。朝礼時の挨拶の採点はそんな視点から取り入れている。

まさに生活が変われば挨拶も変わるものである。虹の家の利用者はもちろん、職員もみな明るくて、挨拶が良いと、ボランティアにきた人々、視察研修にきた人や地域の人々からも褒められている。

――「ありがとう」という言葉は確かに美しくて温かい言葉です。その言葉をきちんと伝えることも大切ですが、その奥にある「感謝するこころ」が最も大切であることも、常に話をしています。たとえば給食についてです。

『虹の家』での給食は、平成十八年まではすべて授産費（現・支援費）で賄われていて、利用者負担はありませんでした。現在は一部自己負担がありますが、給食に対して「ありがとう」と感謝すべきことは、その費用がどこから出ているのかというようなことだけではないのです。健康を考え献立を組んでくださった方への感謝、こころを込めて調理してくださった方への感謝、食材を作ってくださった方、運んでくださった方への感謝、そして、生きものの命への感謝も忘れてはならないのです。

「わたしたちの食事は、生きものの命をいただくことなのです。生きていくために、他の生きものの大切な命をいただく。だから『いただきます』『ごちそうさま』というあいさつは、『ありがとうございます』という感謝のこころで言わなくてはなりませんよ」

と、いつも話をしています。

仮に、イワシ一匹が調理されて出されたとします。その魚は自然の恵みです。それを漁師が獲り、流通の人の手を経てここに来ています。その魚の命をいただき、人間は生かされて生きているのです。魚が持っている栄養素をわたしたちは食べることにより健康な体を維持できるのです。その意味を十分に理解しているからだと思いますが、給食を残す利用者はほとんどいません。

――新しい利用者の中には、『いただきます』も言わずに食べ始める人もいます。障害の有無にかかわらず、現代社会では家庭でこのような教えを受ける機会が少なくなっているようです。ひと昔前のような「米一粒も無駄にしてはいけない」というような躾《しつけ》ができる親が少なくなっているのでしょう。

『虹の家』ではこのような基本的なことからひとつひとつ丁寧に教えています。すると本当に素直に理解してくれるのです。こころから愛情をもって教えれば伝わるものです。知的な遅れなどは全く関係ないのです。初めのころは、こんな会話もよくありました。

「園長先生、この魚、わたしに食べられてしまうなんてかわいそう……」

「こころ優しいのですね。そうかもしれないけれど、だからこそ感謝していただこう。そうしていただいた命を大切にしてがんばりましょうね」

本当にこころが清らかなのです。

両親や家族とも別れ、一人で生活していて、朝ご飯も食べないで来る利用者もいます。昼食が楽しみなのです。「園長先生、今日の昼食は美味しいよ」とわたしに言います。

工賃はお互いの感謝の成果

もうひとつ「感謝するこころ」が大切な場面がある。それは、毎月十日の工賃支給日である。この日は、どんなに障害の重い利用者も休むことなく出勤し朝からうきうきしている。仮に一万円にも満たないような工賃の場合もあるが、みな喜んで受け取っている。

「お金は額だけが問題ではないのです。この工賃には協力企業の方々やボランティアの方々の温かい気持ちが含まれています。そして皆さんが社会の一員として立派に参加していることの証ですよ」

そのような話をして、桐生は一人ひとりに頭を下げながら必ず手渡しをしている。

「皆さん一人ひとりが頑張ってくださるから、『虹の家』が成り立っているのです。ありがとうございます」

桐生は、工賃支給日は、受け取る利用者が感謝するだけでなく、職員が利用者たちに感謝する日でもあると考えている。

利用者はどんなことにも、手を抜く、怠ける、ごまかす、ということを全く考えずにいつも精一杯行動をする。これが虹の家の特色であり、その成果がこの日数字になって現れる。さらに作業を提供してくれる企業に対しても、ボランティアに来る方々にも感謝を忘れないで欲しいと言葉を加える。

利用者たちが感謝するこころを持ち、「お金は額だけではなく、多くの人たちの温かいこころが宿る」ことをしっかりと感じてくれているのだと、桐生自身も読み取っている。

——工賃は月に約二万円くらいなのですが、わたしは必ず利用者一人ひとりの席まで行ってお礼をいい工賃をお渡ししています。そのときは必ず、

「ありがとうございます。皆さんのお蔭で工賃をおあげすることが出来ます。このお金は金額は少ないけれども、このお金にはこころがあるのです。皆さんの素直で真面目で純真なこころ、社会に貢献しているという温かい心があるのです。思いやりの心があるのです。ボランティアの人も毎日来て手伝ってくれていますので、このお金にはボランティアの皆さんの奉仕をしてくださる心も含まれているのです」

わたしはそのことをよく利用者にお話しして工賃をお渡ししています。だから皆さんの工賃はお金の額ではないのです。ありがとうございました。大切にしてお使いください。そういって感謝してお渡ししているのです。

募金活動（2011年９月29日）
平成７年の阪神淡路大震災への募金から始まり、毎年行っている

利用者がこれほど一生懸命に働いているのですから、もっと工賃をおあげしたいなぁと思って、工賃倍増計画を立てて、県から経営コンサルタントを派遣してもらって、今の工賃を倍増していく計画を研究し準備しています。

阪神淡路大震災への支援活動

自治会の中でも「奉仕委員会」は、毎年の赤い羽根共同募金や、歳末助け合い募金を園内で行ってきた。大きな災害が起きると園内募金を始め市内のスーパーマーケットの前などに二十人・三十人が並んで立ち、通行人に募金の協力をよびかけてきた。

記録を見ると、国内外で災害が起きるたびに委員会の自発的な発想によって実施してきている街頭募金活動は、平成七年の阪神淡路大震災からこれまで一〇〇回以上行い、平成二十三年の東日本大震災募金だけでも一二〇万円以上を集めて社会福祉協議会などを通して被災地に贈っている。

共同募金も一〇〇万円を超えた額を集めて、平成二十五年には新潟県から県知事賞と、全国中央共同募金会長賞を受けた。平成二十七年十二月末の集計によるとそれまでの募金額の総額は五五〇万円に達している。

平成七年一月、阪神淡路大震災が起きたときは、直接の支援行動ができる状況ではなかった。桐生は、もどかしさを感じながら、毎日朝礼で利用者たちに震災の現状を説明した。話の中で震災で肉親や家を失った人々の悲しみはどんなに切ないか。せまりくる大火の中で多くの人が生き埋めになっている。そのつらさはどれほどか。またそれを助け出せないでいる家族の切ない気持ちは……などと真剣に話をすると、利用者たちは涙を流しながら聞いていた。たとえ知的に障害があっても、人間の感受性にはかわりはないことを知らされた想いを味わっていた。

震災発生から一週間後、施設外活動のひとつとしてすでに計画されていた工場見学へ予定通り出かけた。利用者たちが作業場で作っている「トランス（変圧器）部品」がどのような形で製品化され、社会に役立っているかを確かめるための見学である。このとき、親会社である日立製作所の本部長の言葉から、意外なことを知らされたのである。

「今、神戸では地震のために電柱が倒れ、電柱の上にあがっていたトランスが壊れて、電気を各家庭にうまく送ることができないでいます。そのため、被災地の神戸から八百〜九百個のトランスを大至急送ってほしいとの注文を受けました。皆さんも震災復興のためにトランス作りに頑張ってください」

この話を聞いた利用者たちは、その日から一段と作業に力を注ぐようになったのである。なかには休憩時間も休まず作業してくれる利用者もいた。工場見学の感想文には、こんなふうに書かれていた。

「ぼくたちのやっている仕事は社会のために役立っているんだなあと思いました」

「神戸に早く電気がつくように、ぼくたちも仕事がんばろうと思いました」

──『虹の家』の玄関脇には、震災直後から募金箱を置いていたのですが、ある朝、利用者のひとりH君がわたしに言いました。

「園長先生、ぼくは本当は神戸へ行って困っている人を助けたい。でも行くことができないので、働いて貯めたお金を募金したよ。家が壊れて困っている人や、けがをした人たちが一日も早く治るように、ぼくは拝んで募金したよ」

わたしは強く胸を打たれました。他人のこころの痛みを自分のこととしてとらえ、助けてやりたいというH君。H君は一日精一杯働いて得られる給料の何倍ものお金を、涙を流しながら、拝んで募金したという。わたしは早速、翌日の朝礼でH君のことを皆さんに話しました。

「昨日、H君はとてもよいことをしてくれました。神戸へボランティアに行って困っている人を助けてやりたいが自分にはできないので、自分で貯めたお金を一日も早く立ち直ってくれるようにと拝んで募金しました。園長先生は、H君の行為に感心しました。こうした美しいこころを持った人が虹の家にいるということは、虹の家の宝です」

そう言って、お互いに助け合うことや思いやりのこころを持つことの大切さについて改めて話をしました。そして、小学生たちが寒い中、「街頭募金をしていた」というエピソードを付け加えると、

「園長先生、ぼくたちも街頭募金をしよう」

声を上げたのは、今度はY君でした。これが街頭募金活動のスタートでした。職員や保護者から出た話ではなく、利用者たち自身の思いから持ち上がったものだったのです。

奉仕のこころ

初めての試み「街頭募金」について、さっそく希望者を募ると十数人が手を挙げた。

せっかくだから人出の多い場所を……と話し合った結果、町の市日である二月三日に市場で行うことになったが、季節的に風邪やインフルエンザがはやっていた時期だった。当時の利用者数四十人のうち半数近くが休んでいるような状況だっただけに、保護者からはさまざまな意見が寄

せられた。

――「うちの子は風邪ぎみなので、出さないでほしい」

「寒波がきている中、もしインフルエンザにでもなったらどうするのですか？」

「社会の中で弱い立場のこの子たちに募金活動をさせるなんて、やりすぎではないですか？」

体調のことはわたしたち職員も一番気にしており、最初はデパートの玄関内で行うことも考えました。ところが、利用者たちは「人が大勢集まる市場のほうがよい。困っている人たちを一刻も早く助けてあげたいから」と言うのです。利用者たちはそれぞれ重い過去を背負って生きてきただけに、人の痛みに対してより深く共感できるこころの持ち主なのだとつくづく思い知りました。

障害者施設というのは、行政からの措置費（現・支援費）はもちろん、補助金や助成金を受け、企業や個人の方々から善意の寄付をうけている。多くの善意とボランティアのひとたちの協力に支えられて成り立っている。利用者たちは、その善意を受け取る立場であるが、決して弱い人間ではないのである。このとき利用者たちは、自らの思いで「困っている人たちに対して自分たちにできることをしたい」と、こころから感じたのであり、この「奉仕のこころ」を止めることは不可能に近い強いものがあった。保護者に対しては説明不足だったことを反省し、個別に電話をして了解を求め、訪問をして、街頭募金の立案の経緯や方法、奉仕活動の意義について改めて説明し、理解していただいた。

当日は朝から吹雪で、時々は止みながらも小雪の舞う、荒れた寒い日だった。利用者八人、職員三人、保護者一人、計十二人が参加した。午前中だけだったが約五万円の義援金が集まった。

——後日、参加した利用者は、

「ぼくは大震災で困っている人たちにあったかい気持ちを届けてあげたいと思って街頭募金に行ってきました。たくさんの人が募金箱にお金を入れてくれました」

「大きな声で『募金よろしくお願いしまーす』と言いました。たくさん集まって、募金活動をして本当によかったとこころからうれしく思いました。集まったお金は困っている人たちに早く贈ってあげたいです」

こういった感想を寄せてくれました。

雪交じりの荒れた寒中に、三時間も立ち通しだったにもかかわらず、だれ一人、「寒くて大変だった」と言う人はいませんでした。当日は風邪で参加することができなかった利用者もこんな報告をしてくれました。

「どうしても行きたかったけれど行けなくて残念でした。だからわたしは働いて貯めたお金を、今日募金しました」

それから数日後の二月十日は利用者たちの給料日でした。わたしはいつも給料袋をそれぞれの席まで行き手渡しをしています。

「金額の多い少ないだけが問題ではありません。これは拾ったお金とは違うのです。このお金には心があるのです。ボランティアの方々のお力添えも頂きながら、皆さんがこころを込めて一生懸命働いた賜なのです。今月もありがとうございました」

いつものように、そんな話をして渡し終えたとき、Y君がわたしのところへ駆け寄ってきました。

「園長先生、このお金を募金します。ぼくの気持ちです。お父さんもお母さんもいいと言ってくれました」

そう言って、給料袋をそっくり差し出すのでした。Y君は施設内の募金箱にもせっせと募金し、街頭募金にも先頭に立って出かけた利用者です。それでもまだ協力したいというのです。一生懸命働いたY君の給料は当時一万円にも満たないほどでしたが、金額の問題ではありません。世の中にいる金持ちの中で、Y君と同じことができる人がどれほどいるでしょうか？　わたし自身、教員を退職したばかりで生活に困るようなこともないはずの時期でしたが、まだまだ欲深さがあったのです。とても真似はできませんでした。

『虹の家』の利用者たちは、世間では「障害者」と呼ばれます。しかし、彼ら彼女らのいったいどこにこころの障害があるというのでしょうか？

東日本大震災募金

平成二十三年三月十一日、午後二時四十六分。観測史上、世界四番目のマグニチュード九・〇の大地震が発生した。『虹の家』では利用者たちが作業に打ち込んでいる時間帯だった。虹の家のある新潟県胎内市でも震度四という大きな揺れに驚きの声を上げた。利用者たちは訓練のとおり避難をしてラジオやテレビの報道に耳をかたむけていた。

その日は通常通り、無事に全員が帰宅したが、余震も続き、不安な週末となった。翌日・翌々日は休日のため、利用者たちはそれぞれの家で、今まで目にしたことのない地震や津波、福島第一原子力発電所の被災報道を見聞きした。月曜日の朝、来所するなり、その惨状を園長に泣きながら話しにくる利用者。「さっそく募金箱に募金してきた」と話す利用者などが何人もいた。

東日本大震災は、新潟県のすぐ近くで発生したこともあって、利用者たちの中には、親類や知人が犠牲になった人もかなりいた。「親類の家も津波で流された」「お兄さんがいなくなった」などと、泣きながら園長に抱きついてくる利用者もいた。

被災地では、自衛隊、消防署や消防団など多くの人が人命救助にあたっている様子がテレビなどで報道されていた。

――「自分たちも行きたいけれど、行くことなんてできない……」

「園長先生、とにかく早く募金活動をしよう！」

このときも、さっそく利用者たちから声があがりました。すぐにその日（十四日）から園内募金をスタートさせました。翌日（十五日）からは、街頭募金に出かけました。数カ所のスーパーの玄関先で、利用者たちと一緒に募金活動をしました。その日一日で集まった募金はなんと三十六万円。ほとんどの方がみな、頭を下げながら募金してくださいました。

――わたしも毎回募金活動に参加していますが、今回の募金活動はいつもと大きく違っていました。利用者たちはみな本気で活動し、なかには泣きながら声を張り上げている人もいたのです。これまでも「他人であっても、つらい思いをしている人のこころの痛みを自分のこととして感じ、思いやり、助け合う」ということを充分に学び、進んで募金活動をしてくれていた利用者たちでしたが、今回は、あまりにも身近で起こった大災害に、その痛みが本当に突き刺さるかのように実感されていたのだと思います。素直で純真で正直に生きている利用者のこころは、まさに世の光となって輝いていました。

街頭募金活動の初日、スーパーに買い物に来たひとりのお母さんが、募金活動をする利用者たちにお礼を言いながら、涙を流して千円札を募金してくださいました。

「実は、わたしの姉の家も家族も犠牲になったのです……」

被災者のひとりともいえる立場なのに、募金を呼びかける利用者たちに他の被災者のことを思いやっての募金だったのでした。その言葉を聞いた利用者たちは、「かわいそう。本当にかわいそうだ……」と、翌日もその翌日も募金活動に参加してくれました。

——四月に入ると、新潟県内には被災地から避難してきた方々が多く滞在するようになりました。胎内市に避難してきた方が、四月五日、募金活動をしているスーパーに買い物にきて、泣きながら利用者たちにお礼を言ってくださったこともありました。

他人から感謝される喜び

——この東日本大震災での募金活動はこれまでの募金活動と違っていました。利用者本人たちが被災者により近い立場で思い入れが大きかったこと、これは地域のみなさんもまったく同様でした。そして、実際の被災者の方々とのふれあいも含めて、さまざまな地域や立場の人たちのこころが、利用者たちのこころをさらに大きく育ててくださったように思えるのです。

利用者の中には、これまでつらく切ない思いをして生きてきた人たちがたくさんいます。他人にばかにされることはあっても、他人から感謝されることなどなかったような人たちがほとんどなのです。

自分がこころから「誰かのために自分ができることをしたい」と取り組んだ行動に対して、実際に「ありがとう。本当に助けられたよ」という感謝の気持ちを受け取ることができるというのは、人間が自分の存在価値を実感できる最たる体験のひとつといえるのではないでしょうか。ですから、虹の家の利用者は、被災者の苦しい生活を考えて、けっして電気の無駄使いもしません。

――わたしは、阪神淡路大震災のときも、国境を越えた人間愛について、さまざまな例を挙げて、利用者たちに話をしました。当時は現在よりも貧しかった国・フィリピンのラモス大統領（当時）が一カ月分の給料を募金してくれた話、国民が貧しい生活の中で「愛の一ペソ（約四円）運動」を広げてくれた話。その他世界各国の温かい支援の話など、お互いに助けあって共に生ることの大切さを話してきました。

また、ナチス・ドイツに捕らわれて牢獄生活をしたエミール・フランクル（オーストリアの精神科医）の話もしました。

「人は自分の存在を知ることによって生きる望みを持つものです。困ったときはみんなで分けあって食べる、むしろ自分のものをも他人に与える……」

そんな話を、苦労して生きてきた利用者たちは涙を流して聞いてくれました。

また、新聞の投書欄に掲載された「アフリカからの貴重な義援金」という記事についても話題にしました。一日一食も満足に食べることのできない西アフリカの共和国からの義援金の話でした。学校給食が一番の頼りという子どもたちが、自分たちの食糧である野菜やマンゴーを売って得たお金を持ち寄って日本円にして寄付してくれたということでした。

世界最貧国のひとつともいえるほどの国の子どもたちから寄せられたこころからの義援金が、被災地のみなさんのこころを元気づけてくれたのです。

――募金活動の根本にある「奉仕のこころ」というのは、人種や国境、年齢や立場などをも越えるものです。障害の有無などもそもそも関係ないものなのです。どんなときでも温かい「奉仕のこころ」を持ち続けることのできる『虹の家』の利用者たちは、紛れもない「こころの健常者」たちなのです。『虹の家』では、すべての人々が共に助けあって生きていくことができる「真の共生社会」を実現するためにも、今後も進んで募金活動を行っていきます。

――平成二十八年四月に発生した九州熊本地震には、奉仕委員会が中心になり四月中に二回街頭募金活動を行い、十五万円以上の義援金を被災地におくっています。三回目も計画しすすめています。

3の章　来る人拒まず――施設の定員外も受け入れる

増加する入所希望者に定員増で対応

桐生は平成六年虹の家園長になってからさまざまな手法を駆使して定員増を図ってきた。それは、障害をもつ人の働きたい・働くことで自立した生活をおくりたいという希望に何としてもこたえていこうとする桐生の思いからだった。

――不況が続くと企業からの離職者が増えるようになりました。わたしは雇用促進協会の仕事をやってきた責任もあり、離職者をみな引き受けるために、初めは福祉工場をつくることを計画し、法人役員で新潟県内に一つしかない南魚沼市にある旭原福祉工場まで視察研修に行って来ました。県も福祉工場を県内だけでも三カ所くらいは作りたいと考えていました。しかし最低賃金の保障の問題もあり、それを諦めなければなりませんでした。

園長になって翌七年四月には、社団法人新潟馬主協会などから合計四〇〇万円以上の助成をうけ、それに関係町村や法人の負担金等を合せて二〇〇〇万円以上をかけ虹の家の施設を増設して、定員を六人増して四十六人に。同十年四月には、関係町村からの補助金二〇〇〇万円で虹の家の食堂を増設し、四人増で定員五十人にした。

それでも入所希望者は増えつづけ、虹の家だけでは対応しきれなかった。桐生がとった手が分園の設置だった。

平成九年四月には、すでに平成六年にスタートしていた水原郷分園（定員十九人）を水原高校農業旧校舎に移転した。これは旧水原町四〇〇〇万円、新潟馬主協会一二〇〇万円の計五二〇〇万円の補助によるものだった。同じ月には、後述するトロイカ方式によるクラレ新潟事業所による障害者雇用が開始され六人が雇用された（現在は二十人雇用）。

――水原郷分園に入れない利用者は虹の家まで来てもらっていました。それでも希望者が多くいるので、平成十四年には水原郷分園をすばるワークセンターに独立させ、分園の定員を十九人から十一人増の定員三十人の施設にしました。

平成十二年には旧中条町（現・胎内市）から、四月に空いた高浜保育園を借り、虹の家高浜分場、定員十九人をスタートさせた。そこでは、翌年の十三年に養護学校卒業生三人を受け入れ、あとはみな実習生として受け入れてきた。平成十二年四月から十二月まで実習生は延べ八〇五人になった。同十五年には、旧高浜小学校の校舎を借りて虹の家高浜分園を独立させ、定員十九人から十一人増の定員三十人の施設にした。

まだ希望者が多くいた。そこで実習生としてきてもらうために、平成十六年に紫雲寺町（現新発田市）から、大島保育所を借りて虹の家紫雲寺分場（現・ふれ愛しうんじ）をスタートさせた。建物の面積の関係で定員十四人しか入れられなかったので、残る利用者は虹の家でみな受け入れてきた。

定員外も受け入れる

施設の定員は主として床面積に応じて決められる。最低一人当たり十五・六平方メートルが基準となって算出される。これは国が定めた基準である。

しかし、桐生は園長になってから、あまり定員にこだわったことがない。

平成十八年から制度が変わり利用者負担もあり、支援費が月額から日額になったために、施設によっては経営が容易でないところもでてきた。しかし制度がどう変わろうとも、福祉の仕事は人間の命を尊ぶ仕事なのである。義務教育はまだしも、高校、大学となると程度の高い学校が選ばれるように、障害者であれば、学識の程度より人間的な愛情豊かな施設を本人はもとより保護者も選ぶ。障害者にとって心の通った人間的な施設であるかどうかが問題になる。

——施設は定員が決まっていました。運営の基本は平成十五年までは措置費でしたから、定員外を受け入れると当然その経費は入ってきませんから処遇低下を招くということで、県は許可してくれなかったのです。しかし、施設は金儲けではありませんので、定員を満たしていても、わたしはみな実習生としてきてもらいましたし、虹の家では短期入所者のための助成資金が二人分ありましたが、そんな制度を利用したこともありません。

養護学校の卒業生には優先権を与えてきました。新しい施設高浜分場をスタートしたときは、平成十二年の十二月でしたから翌年の四月まで養護学校の卒業生三人を受け入れるために空席をつくって待っていました。そうすると施設はそれだけでも一〇〇万円以上の助成を受けられず損をしますが、そんなことより人間を大事にしてきました。昔は月額でしたから利用者が休んでもお金が入ってきたのです。ですからそのお金で困っている人を実習生として受け入れてサービスすればいいのです。グループホームの利用者にも、平成十四年からは一室に一人と決まっていましたが、食事代以外の経費をもらわずに一室に二人も入れ、お互いに仲良く生活してもらっていました。その後は増室し、正式に負担をお願いした人が二人もいます。それが虹の家の精神なのです。

平成十一年から定員外一〇%まで離職者を受け入れても良いということになった。桐生は当然、離職者を受け入れてきたし、その前もみな実習生として受け入れてきていたのである。

前にも述べたが、平成十八年からは障害者自立支援法が施行され、月額から日額になったために定員外二〇%(十人)を受け入れてもよいということになったので、虹の家は、定員五十人+定員外十人=六十人を受け入れてきた。さらに二十年度からは定員の五〇%の定員外を受け入れてもよいことになったので、七十六人まで受け入れた。そうでなければまた新しい施設を作らなければならなかったのである。たとえ実習生であっても受け入れたかぎりはその責任を持たなければならないというのが桐生の考え方である。

水原郷分園のあゆみ

このように桐生の希望者受入れ=定員増実現の動きは目ざましいものであったが、その原点となったのは水原郷分園の設立と活動にあった。現在同園は、すばるワークセンターとして虹の家の活動の軸となっているが、その設立と活動のあゆみは、桐生の「障害者の希望をかなえる」との強い意志が結実している。

桐生は前述のように昭和四十九年に北蒲原郡手をつなぐ親の会を作った。しかし、どこの町村にも障害者は居住していたが、授産施設はどこの町村にもなかった。そのため桐生は各市町村にも施設をつくることを勧めた。例えば当時の七カ市町村（中条町、黒川村、新発田市、加治川村、紫雲寺町、聖籠町、豊浦町）の中で聖籠町では保護者が杉の子会を作り、杉の子福祉作業所を作った。豊浦町（現・新発田市）にもつくるために、土地と建物は豊浦町から借りることにした。さらに笹神村にもつくることを考えた。

桐生が北蒲原郡手をつなぐ親の会を組織した昭和四十九年に、水原町に親の会ができた。その後も北蒲原郡南部郷（水原町、京ヶ瀬村、安田町、笹神村）に親の会ができ、十年後の昭和五十九年には南部郷手をつなぐ親の会で水原郷福祉作業所をつくった。当時の会長さんたち（阿部竹一、円山賢吾たち）の熱意によるものだった。

桐生も毎年親の会に話をしに行き、そうした関係で、平成六年一月には水原郷福祉作業所が法人化し、虹の家の水原郷分園（現・すばるワークセンター）になり、定員十九人でスタートしたのである。

通所援護事業の福祉作業所で、社会福祉法人の分園としては県下初めてだったので、県内はもとより山形県からも行政や保護者が視察研修に来た。

虹の家分園の展開

すばるワークセンター（旧水原郷分園）

阿賀野市若葉町の八四七平方メートルの土地（阿賀野市所有）に鉄筋コンクリート二階建て延べ床面積四七八平方メートルの事業所がある。

すばるワークセンター

平成六年に「虹の家水原郷分園」としてスタート。平成九年に水原高校の旧校舎を借用して作業場とした。平成十四年に「すばるワークセンター」と改称し定員三十人に増設した。平成二十四年度から新たに指定障害者福祉サービス事業所・すばるワークセンターを開設した。指定自立訓練事業定員六人。指定就労継続支援B型事業定員二十四人。多機能型事業所に移行して運営を開始した。今までに多くの利用者が企業に就職を果たし地域社会の厚い信頼を受けている。

平成二十七年現在、阿賀野市から三十九人、新潟市から三人の計四十二人が十二人の職員の指導支援の下で虹の家本部と同一のタイムスケジュールで行動をしている。弱電気部品の組立・紙箱の組立・ブラインドの組立、正月用品の包装組立などの作業にいそしんでいる。バス三台を使って阿賀野市内と新潟市北区を回って送迎を行っている。

①一人ひとりの生活の充実②利用者中心の支援③支援力の向上④支援運営の改善の四点を運営方針に掲げ年度ごとにその実現に努めている。中でも工賃水準を、就労支援B型の場合、平成二十年に五〇〇〇円だったのを、二十六年には一万九〇〇〇円にまであげることができた。

その一方で職員の利用者支援の在り方を研鑽するために、「発達障害者の理解と支援」をテーマに教育・研究・医療・労働・保護者の支援などを軸にした研修会を開催してきた。現在「利用者支援五つの基本姿勢」として、傾聴・感謝・尊重・協力・健康を目標にし、愛（布施）と思いやり。平常心（禅定）。努力（精進）。不偏と中道（知恵）の「四つのこころ」を常に持ち続けることを主眼にしている。

平成二十八年四月より新たに「相談支援センターゆう」を阿賀野市の中心部に開設し、三人の職員を配置して地域のニーズに対応することができるようにした。

阿賀野市には白鳥が晩秋に飛来する瓢湖がある。昭和二十九年日本で初めて野生の白鳥の餌付けに成功したことで有名になり、毎年五〇〇〇羽を超える白鳥がシベリアから渡ってきて湖を埋める。この地は、十八世紀には幕府の天領となり、その面影を残す水原代官所跡も復元されるなど自然と歴史のあるところである。

ふれ愛しうんじ（旧虹の家紫雲寺）

ふれ愛しうんじは、近くには新潟県立記念公園があり、日本海の海水浴を楽しむ砂浜、バードウオッチングができる野鳥の森もある。

新発田市中島の新発田市の市有地一九九〇平方メートルの土地と木造平屋建て二二八平方メートルの新発田市所有の建物を借用して平成十六年七月一日に虹の家紫雲寺分場を定員十四人で開設。動機となったのは不登校や引きこもりがちなどの問題を抱えた障害者のためだった。町の保育施設統合策で廃止になった大島児童館を改装して運営を開始した。

現在では、新発田市から十二人をはじめ近隣市町から十人の計二十二人が、七人の職員の手厚い指導・きめ細かい支援を得て作業を進めている。段ボールの組立、縫製、電気部品、自動車部品の組立、正月用品の仕上げ作業などなど数えきれないほどの仕事の中から、利用者一人ひとりの特性に合った作業を熱心にこなしてきた。

午前九時に本部虹の家で乗り換えたバスで全員が出勤してきてからは本部と同じ日課で作業を進め、午後四時に迎えのバスで帰っていく。

同二十四年には、新潟県と予定地付近の住民の協力理解を得て知的障害者授産施設から二十人の定員の就労継続支援事業B事業に切り替えた。同二十八年に「ふれ愛しうんじ」と改称した。

ハートワーク　高浜

ハートワーク高浜

関連施設のハートワーク高浜は平成十二年に離職者の受け入れを目的に開所した多機能型サービス事業所である。

胎内市中心部から青々とした田圃が広がる道を走り松林を抜けると大きな建物の前に出る。廃校になった小学校を胎内市から借り受けたもので、三〇〇平方メートルもある木造平屋建てと鉄骨コンクリート二階建て六六〇平方メートルの二棟を持つ。ここでは就労移行支援事業該当者が八人、就労継続支援Ｂ型事業該当者二十八人の定員で、施設周辺の新発田市や胎内市のほかに村上市からも送迎バスで利用者が出勤してきて作業に従事している。

教室時代に使われていた黒板が部屋の片側にかかったままの作業室では、自動車部品の一部の組みたて作業が三人一組になって黙々と真剣に進められている。別な台では正月飾りの御幣と末広がりなどをセットにして透明な袋に詰める仕事も行われている。本部とは離れているが全く同じ時間スケジュールで作業が進められている。

中でも一般就労を目指す就労移行支援事業では、平成二十四年度以来毎年就職者を順調に送り出し、平成二十七年度までの四年間に十一人が就職し職場に定着している。この実績は高く評価されている。

――高浜は初め離職者対策でした。私は雇用の仕事を本気になってやり、多くの企業を回りハローワークの指導の下で教え子を百二十人も就職させてきました。けれども不況の波が起こると離職者がでる。そこで離職者を受け入れる場として「ハートワーク高浜」が誕生しました。

――平成十八年に障害者総合支援法が成立するまでは、知的障害者と精神障害者の施設を一緒にやることはできなかったのです。わたしは障害にこだわりませんでしたので実施することは法律を乗り越えることでした。

わたしが、中学校で特殊学級を担任し虹の家に来るまで、前述のように就労にかかわった障害者は百二十人以上いましたが、不況のために六十人も離職しました。そのために特別支援学校の卒業生はじめ、在宅者などの受け皿として虹の家の増設をはじめ、クラレ作業所や現在の「すばるワークセンター」「ハートワーク高浜」「ふれ愛しうんじ」を作ってきたのです。

そして、法人内の施設間の情報交流だけでなく、他法人の施設間との横のつながりも大切にしてきました。全国どこからでも視察や研修を受け入れ、必要とされる知識や情報はためらうことなく提供してきました。

グループホーム

──わたしが来てから、来る人拒まずといっても、ただ通って来なさいというわけにはいきません。退職した中学校の優秀な先生方を二人雇い入れ、重い障害を持つ利用者の担任として指導をお願いしてきました。

現在、虹の家ではクラレ作業所のバスを含めて九台の送迎バスを走らせています。その一方で、どうしても通ってこられない人や親のいない人に安心して生活が送れる、グループホームを立ち上げてきました。第一寮は平成十四年に民家をお借りし、第二寮は翌十五年に中条町（現・胎内市）の住宅をお借りし、今では、合計十六人の方がグループホームに入って生活しています。平成二十年度には胎内市から便利な土地をお借りし、県から補助金を二千万円いただいて新しいグループホームを作りました。そして虹の家を中心に網の目のように送迎バスを走らせていますので、もちろんグループホームの人たちも送迎バスで通っています。お蔭さまで新しいグループホームをつくるにしても、胎内市や町内会の皆さんからも温かく迎えていただき、幸せな生活ができることを喜んでいます。

グループホームとは、生活に困難を抱えた人たちが専門スタッフなどの援助をうけながら、少人数で施設と違った家庭的な住宅環境のなかで共同生活を送る、社会的な介護の形態である。知的障害者福祉法の知的障害者地域生活援助事業による。ヨーロッパから始まりノーマライゼーションの一環として知的障害者や精神障害者を隔離施設から解放しようという狙いがあり、住宅という概念を重視している。

虹の家では現在、二棟のグループホームを運営しているが、設置にあたって自治体をはじめ近隣の方々の了解・協力を事前に求める必要がある。民間の既存の住宅を借用することになるので、積極的に説明に回り理解をもとめてきた。近隣の人たちからは、「障害者が入るというが、どんな人なのか。だれが面倒を見るのか。どんな生活をするのか」などなどかなり詳細にわたっての不安の声が出た。

虹の家では、一人で生活が出来て働きに出る人たちであるから障害の程度の軽い人がここで生活をする。最近は親がなくなり一人で生活できなくなってグループホームに入り、虹の家にきて働いている人もいる。世話人は、利用者が職場から帰ってくる夕方四時から翌日の朝九時まで泊まり込みで、食事、洗濯、掃除など生活についていろいろ面倒を見る。土日曜も休日も一日中世話人がいる。そして必要に応じて虹の家の職員がいつでも指導に当たっている。と説明して町内会などの了解を得てきた。

こんな時には桐生は長年携わってきた知的障害者に寄せる愛情をもとに、これらの人々にも豊かな生活を甘受してほしいという願いと、そのサポーターになっていただきたいと熱意を込めて説明して、不安を抱く周辺の人々の心を動かした。

グループホームは、共同生活を援助する事業として男子用定員六人の第一号棟、女子用定員十人の第二号棟があり、それぞれに三人の世話人を置き、交代で利用者の補助にあたっている。

一号棟は胎内市羽黒地区にあり、木造二階建て一五五平方メートルを借り上げて平成十四年十

［上から］グループホーム１号棟（男子棟）
２号棟（女子棟）
女子棟での食事の用意

月運営を開始。二号棟は同市西栄町地区にあり、木造二階建て一二三平方メートルの胎内市所有の建物と木造平屋一二四平方メートルの七穂会所有の新館があり、平成十八年十月から使用を始めた。

中年になり家族など保護者から離れて自立した生活を送れる障害者が、一つ屋根の下の各部屋に一人ずつ住み込み、共同生活を送っている。

朝起きて部屋を片付け掃除が終わる頃に、世話人が用意した朝食が並ぶ。皆一緒に食事を済ませ身支度を整えたころ、虹の家のバスが迎えにくる。それに乗って虹の家や高浜や紫雲寺やクラレ作業所に出勤である。一日の仕事を終えるとバスで送られてきて、夕食までの間に皆でホーム全体を掃除したり、自分の肌着などの洗濯をしたり入浴もできる。

楽しい夕食も世話人が心を込めて用意してくれるので、皆一緒にテーブルについてその日の出来事など語り合いながらすすめる。食後は食器洗いなどを手伝い、世話人に感謝をして、自室に入ってテレビなどを楽しみ夜を迎える。自室には机や箪笥など個々の人の好みに合わせて持ち込み心豊かな生活を楽しんでいる。

利用者は地域の住民の一人としての自覚を持ち責任ある生活を送り、明るく楽しい無理のない社会生活を営むように求められている。平成二十二年三月発行の「虹の架け橋第38号」でグループホームの日常が写真で紹介されている。そこに添えられた利用者の感想文がある。

「わたしは三年半程前、虹の家と出会い、グループホームに入居しました。早いもので、今年の五月で四年がたちます。グループホームでの生活は、やっていけるかどうか最初は不安でした。でも世話人さんはおいしい食事を作ってくれます。「ごちそうさまでした」と言うと「はい」と応えてくれます。煙草の本数をへらすときは相談にのってもらいました。風邪をひいて熱をだしたときは看病してもらったこともありました。

今では共同生活にもすっかり慣れ、みんなと掃除や洗濯など役割分担をしています。やっと身の回りのことを憶え、これが大人になる一歩だとおもっています。みんなと仲良くして、決まりやルールを守って大人になっていこうと思います。自分のよくないところも直していこうと思います。この出会いを大切にして自立をめざしていきたいです」

平成二十七年になると新たなグループホーム設置の要望が高まり、行政との折衝を続けていたが、年度末を前にして国及び新潟県の補正予算が通り、法人の負担金を合わせて四千八〇〇万円の経費をかけて新たなグループホームの建設が決まった。それによって虹の家から徒歩五分の胎内市西条町の市有地を無償で借用しグループホームを新築することになった。完成すると十人の利用者の安定した生活の場を提供できることになる。

4の章　送迎バス

七台の一日の走行距離は合計六七〇キロ

送迎バスが完備していなければ、いくら近くに施設があっても行かれない。保護者が送ってこなければ一人で通って来られない人が多くいる。桐生が赴任した平成六年には遠くの豊浦町や新発田市からは、通勤上の問題もあって利用者は一人しかくることができなかった。当時は、平成元年に法人施設虹の家になってから配備した二十九人乗りのバスと、同六年に地元の民間放送NSTから寄贈された九人乗りのバスと二台しかなかった。

当時は虹の家はまだ定員四十人だったので、九人乗りの車でピストン輸送をした。二方面に行っていたので、一方面から早く来た利用者は朝礼まで四十分も待っていなければならなかった。その間に問題を起こす利用者もいた。職員がつきっきりの利用者もいた。二方面を往き来すると一時間半はかかってしまう。また、地域によってはバスを走らせていなかったので、自転車で来る人も、歩いてくる利用者もいた。一人で自転車で通って来る利用者が途中で事故にあったら大変である。

中には朝、家を出ても虹の家に来ないで道に迷い他の方面に行ってしまい、道路わきでうずくまっていた、ということがあった。電話をもらい職員が迎えに行ったこともあった。そのため家族が送り迎えしなければならない利用者もいた。

ハートワーク高浜の送迎バス

現在では虹の家の送迎バスはシルバー人材派遣センターから派遣された専門の運転手に依頼し、保険にも入っているので、保護者も安心して通わせている。

送迎には詳細な実施計画が決められている。それによると、「虹の家では、利用者が広い地域にわたっているため、距離的・身体的理由により、自ら通所することが困難な人を対象に日々の送迎を行い、利用者及び保護者の利便と負担の軽減を図る」と目的を明確にし、利用希望者は管理者に申請することになっている。

現在では、七穂会所有の本部所属のマイクロバスなど四台と各分場所属の三台のマイクロバスが使用され、新発田市－聖籠町－村上市－関川村にいたる路線を有機的に経由して胎内市の虹の家本部と各分場に出勤する利用者の送迎を朝夕行っている。一日に二往復することになり七台の合計の走行距離は六七〇キロに及ぶ。これは上越新幹線の東京から新潟までの営業距離は三百三十四キロだからその間を往復する数値である。すなわち東京湾から日本海まで日本を横断して東京湾へ戻るという往復を毎日していることになる。実際はさらにクラレの作業所から別途に二台のバスが相互利用の形で運行されている。

各分場に所属する送迎バスは、近隣の利用者を集めていったん虹の家本部に集結する。本部の利用者はここでバスを降りるが、各分場に出勤する利用者はそれぞれの分場のバスに乗り換える。最終的に各分場に送り届けるように運行計画が作られている。退勤時も同様に各分場から虹の家本部にいったん集まってそこで乗り換えて各自の家やグループホームに向かう。

クラレ作業所に出勤する利用者も各地に点在しているので虹の家のバスを利用する場合もあり、またクラレバスの通路の虹の家の利用者もクラレバスを利用するという相互利用を行って、効率化を図っている。

バスの運営に関する経費は事業所会計で処理するために利用者の直接の負担はない。

特に法人として運転担当者の交通安全教育と安全管理を徹底して行い安全講習会を年に一回以上開催するなど細心の注意を払ってマニュアルが作られている。利用者もバス発車の時刻を厳守するために五分前に所定の場所で待機するように指導している。乗車中はきちんと座席にすわってほかの人に迷惑をかけないこと。帰路も下車したときは、バスの前を横切らないこと。急な道路の横断をしないこと。マナーを守るように教育指導を行っている。そのためであろうか、いまだに事故を起こしたことはない。

行政の壁をのりこえてバスを相互利用

――最初のころ私も送迎バスに乗って迎えに行きました。Uさんは中学校の特殊学級の卒業ですが、わたしが迎えに行くとおばあさんが玄関先にまで出てわたしを見送りながら、家の不甲斐ない子がはたらくことができる、と言ってわたしを拝んでいました。行くところがなかったのです。送迎もしてもらって、ありがたいといって拝んでいました。Tさんも、毎朝駅前の交差点で待っていました。その姿は今も忘れられません。家にこもったきりの子が送迎バスを待っていたのです。わたしはうれしくてうれしくて泣かされました。

障害のため学校を嫌う子どもや、親が外に出したがらない子どもがいるという情報が時々寄せられます。そのためにも相談支援事業が必要なのです。土日を返上して情報をもとに尋ね歩きますと困っている人が多くいます。困る人が相手ですから人間的愛情を持つ人材が必要なのです。そのためには、教員退職者を現在まで関連施設で延べ二十五人も採用し利用者のサービスに力を入れてきました。現在も三人の元教員がいます。

――わたしが赴任した平成六年からは、入所希望者が多くなりましたので、前にもお話ししたように社団法人中央競馬新潟馬主協会から補助金もいただき、関係市町村からと合せて二〇〇〇万円以上かけて虹の家を増設し、平成七年には定員を六人増やしました。水原郷分園が定員いっぱいで入られないので片道車で一時間もかかる旧水原町から二人受け入れることにしましたが、保護者をパートに雇い送迎を依頼した時期もありました。

平成九年からはクラレ企業が六人の雇用を受け入れて、片道一時間以内、一回一万円の範囲内で、九人乗りバスを走らせてくれました。平成十年、十一年と企業は四人、五人と雇用を増やしてくれました。その後は、クラレ企業の協力では平成十年から二十六人乗りバスを導入しました。虹の家ではそれに応えるためにも平成九年にさらに二〇〇〇万円以上かけて食堂を増設し、平成十年四月に定員を四人増やしました。今では二十九人乗り五台、九人乗り二台が約二百人の知的障害者が働くために朝夕走っています。一台二十九人乗りの新しいバスを片道三五キロの遠くまで走らせていただきます。希望者がいればさらにバスを走らせて行きます。

一台二十九人乗りの新しいバスを片道三十五キロの遠くまで走らせています。

――現在、虹の家の利用者とクラレの社員をお互いのバスで送迎していますが、始めは送迎についても問題がありました。虹の家のバスには旧厚生省からの資金、企業のバスには旧労働省の雇用制度の融資金がはいっていましたから、縦割り行政の壁がありおたがいに乗せることは禁止されていたのです。しかしそんなことばかりいっていたのではお互いに送迎は出来ません。わたしはこれを乗り越えていかなければならないのです。法律をのり超えるといいました。役員から事故が起きたらどうするとか、園長は法律をおかしているなどという意見もありました。クビだなどという役員もいました。わたしが赴任する前には通勤途上にバスの事故を起こした職員がいたというのです。

やはり送迎途中の交通事故は絶対に避けなければなりません。またバスでなくても利用者が日常的に事故に巻き込まれることのないように、虹の家として胎内市の交通安全協会の協力で幾度となく交通安全教室を開いて交通規則を利用者に反復的に教え込んでいます。お陰で今まで心配するようなケースは起きておりません。それどころか胎内市はもちろんのこと県からも交通安全に寄与したとして度々表彰状や感謝状をいただいてきました。

5の章　地域社会とのつながり

虹の家相談支援センター

障害のため学校を嫌う子どもや親が外に出したがらない子どもがいるという情報がときどき桐生のもとに寄せられようになった。土日を返上して情報をもとに尋ね歩くと、困っている人が多くいることを改めて認識するようになった。そこで法人の七穂会として平成二十五年四月から、胎内市立本条小学校旧校舎を胎内市より借用して虹の家相談支援センターを開設した。相談支援専門員と相談員の二人を専従させた。

この事業は障害者総合支援法において、平成十八年度から制度化された。障害児・者が社会を構成する平等な一員として主体的に生きるために、本人を取り巻く生活環境などの改善を要する点を本人・家族・支援者等への相談によるサービスを提供して解決に結びつける方法のひとつである。障害の有無にかかわらず、お互いに尊重し支えあう暮らし、「共生社会」を実現させる手段とする。

虹の家では創立以来地域住民や利用者に対して、日常の困りごと、苦情などに対処する相談支援を行ってきた。先に胎内市から相談支援事業所として指定を受けて『虹の家相談支援センター』を独立させて運営している。

――その人が生活に必要な福祉サービスなどを知らないために受けなかったりすることが多くあります。福祉に関する相談に応じ情報を提供し、就学や就労に結びつけるサポートをしてきました。前記のようにすばるワークセンターにも平成二十八年四月から相談センターを設置して、成果をあげています。

多くのボランティアの協力

虹の家の特色の一つにボランティアの協力があげられる。

地元企業で電気部品の製造輸出に大きな実績を持つ大根田電機からは、中条作業所時代に部品の組み立ての仕事を受注し親子で作業を進めたことがあった。見返りの報酬は、盲老人ホーム胎内やすらぎの家に寄付したのが最初で、虹の家になってからも作業の提供が続いている。経営者自身もたびたびボランティアとして施設を訪れ利用者を励ましている。

民生委員や付近の町内会の人々をはじめ小学生までが、毎日利用者の作業をサポートしている。

障害を持った利用者が働くといってもできずにいるだろうからと、利用者の仕事を手伝うつもりで来たのに逆に利用者から、作業のコツやポイントを教えられて、一生懸命やっている利用者の姿に感激しているボランティアもいる。

陶芸家も指導に来ている。粘土を先生が手にすると瞬く間にそこからバランスの良い茶碗の形が造られる。見つめる利用者にやさしく話しかけて、先生のいる場所は花が咲いたようにたのしさがあふれる。利用者は早速まねて粘土をこねて茶碗を作ろうとするが、すぐに崩れて大笑いをする結果になってしまう。

ボランティアの協力は、記録によると（虹の架け橋38号）平成六年にはじまり、多い年では十六年度に一三九五人、二十一年度までに延べ一万六〇〇〇人を超えている。多い日は十人二十人が来ている。どのボランティアのみなさんも、虹の家から依頼したものではない、みなさんの自発的な発想から来た方たちである。なかには、知的障害者の就労施設だというので見学に来て、利用者が真剣に取り組んでいる姿を見て感動し、少しでも手伝うことが出来ればうれしいですねと申し出て、そのまま一緒に脇に座って作業に加わった方もいる。

一方で、虹の家の利用者は、ボランティアの奉仕を黙って受けているばかりではない。たとえば、近くの幼稚園に利用者たちが出向き、大掃除の手伝いをしてガラスや床まできれいに磨いてくる。夏には草取りをして環境の美化に協力している。

前出のように、胎内市が保護育成している水芭蕉の群生地に流れる「湧水の里」の小川の草取りも虹の家の利用者の仕事。毎年行って流れの中の草をきれいに刈り取っている。生態系を乱すほど繁殖したザリガニを三十匹も取ったこともある。

虹の家ではこうした相互ボランティア活動を通して地域社会との交流を深めている。

ボランティアこそが学び

桐生が赴任した平成六年の五月から桐生の発想で保護者にボランティアを依頼した。最初は保護者に施設に来て子どもたちの作業姿を見てサポートしていただく狙いがあった。来ると困るから来るなと子どもにいわれたという保護者もいたが、ボランティアに来て見ると、家では何一つ仕事もしないわが子が虹の家では働いているのである。その姿を見て驚き、保護者がわが子を見る目が大きく変わってきた。

すると利用者も代わってきたし、職員も変わってきた。お互いの関わり合いの中でお互いが大きく変わってきたのである。ボランティアは提供する側と、ボランティアを受ける側のボランティア精神が一致すると、1プラス1イコール2ではなく3であり5の効果を上げることが可能であることを桐生は実感した。

一般のボランティアは小学校の子どもから大学生まで、それに地域のお母さん方や民生委員、学校の先生方などのほか、市の新入職員、協力企業の新入社員のみなさん。団体では社会福祉協議会のボランティア委員会主催の小学生のボランティアスクール。小、中学校の総合学習。高校生や大学生、それに教職経験のある方など多種多様な方たちの協力を得てきた。

ボランティア体験の後、残された感想文を読むと、高校の生徒は、知的障害者を差別の目で見ていたのに、差別されていた人にむしろ温かく迎えられた。どちらがこころの障害者であるかが分かったと書いている。先生方は虹の家に来て教育の本質を学んだと書き、また大企業の新入社員、一流大学の大学院を出た新人社員も、こんなに感性の豊かな人たちがいるということが初めて分かったと書き残している。

――ボランテイアは年間延べ一〇〇〇人以上も来ます。実習生を入れるとさらに多くなります。その時、わたしはボランティアの皆さんに、

「みなさんは利用者がしている仕事の手伝いにきたのではないのです。利用者の皆さんの心を学びに来たのです。虹の家は障害者の施設であるというけれども虹の家には障害者は一人もいないのです。ましてや心の障害者は一人もいません。仕事のよくできる人もいればできない人もいる。男もいれば女もいる。若い人もいれば六十歳を過ぎた人もいます。人間は一人ひとり違っていいてあたりまえなのです。虹の家の心を学んでいってください」といいます。

はじめて虹の家に入ってきた四十歳近い利用者に、お母さんが一カ月も送迎バスで付き添ってきて、親子一緒に作業をしていきました。やがて子どもが一人で通うようになります。数カ月経って来てみるとわが子が、便所掃除をしたり、給食のあとかた付けまでしているのです。わが子の働く姿を見て母親は涙を流しています。家にいたときはご飯を食べた後、箸一本も片付けさせたことがなかったのですが、まさかわが子がこんなことまでできるとは思わなかったし、こんなに変わるとは思わなかった、園長先生のおかげですといって手を合わせています。

ですから人間は集団生活の中で自分のできることをするようになるのです。そしてこの前に来たときは、あまりうれしくて家族三人が仲むつまじく幸せで、丸く納まって暮らしていくことができるように、電話番号を３３３０に変えたと言います。うれしくて、うれしくて、もう百歳まで長生きできるといって喜んでいました。

保護者ボランティアというのは、わが子の成長によって親も変わる。親子の成長に地域も変わる。これが基本になって共生社会をつくっていくのです。障害者にとって幸せな社会は健常者にとっても幸せな社会なのです。それは心があるからです。

――心を病んで出社拒否を起こしていた三十代の女の人が、虹の家にボランティアに来て、利用者の心を学び出社できたと言う人もいます。ここに来ると心が洗われるといいます。どんなに問題を持つ利用者でも立ち直ります。

わたしはいつでも暇さえあれば職場を回ります。あるとき三十歳を過ぎた利用者から、

「園長先生、身体の中で何処が一番大事だと思いますか？」

という質問を受けたのです。

「そうだな、心臓かな」

そう答えると、

「違います。それは頭です」

というのです。

「そうか頭か。頭だよな。園長先生も数年前に頭を打って二週間ほど入院したことがあるからね。やっぱり頭だよね」

そう応えると、

「園長先生、そんな少しばかりかね。わたしは頭の病気で何年も入院しましたよ。何時、また入院しなければならないか、わからないのだよ。だから丈夫なうちは、虹の家に来てみんなと仲良く楽しく一生懸命に働いているんですよ」

というのです。

ですから、人間の心の痛さだとか、つらさなどは、その人の身になってみなければ分からな

いのです。教えることよりも教えられることが多いのです。虹の家にはだめな人は一人もいないのです。もしいたとすれば周りの人が、その人をだめにしているのです。

人間は一人ひとり違っていて当たり前なのだから、その人ができることに打ち込んでやっていれば、そこに価値があるのです。

地域との交流行事

福祉施設というのは地域とのつながりが重要な意味を持つ。地域の人々に温かく受け入れられ共生を実現していく。そのためには、障害に関する正しい理解と親しみのある交流が必要となる。

感謝祭

毎年八月におこなわれている。日頃お世話になっている地域並びに就労支援事業所関係者を、虹の家・利用者・保護者がお招きをして、感謝の気持ちを表し、今後も引き続きご理解とご協力をお願いする催しである。

『虹の家』ではそれまで、毎年秋に「収穫祭」として、主に利用者と家族、職員だけの行事を開催していた。桐生はこれを「感謝祭」に変更して、広く地域や協力企業、行政の方々などを招いて大々的に行うようにした。「収穫祭」のままでは内向きにとどまってしまう視点を、「感謝祭」とすることによって、外向きに切り替えることが必要だったのである。『虹の家』の毎日が、いかに周囲からの支えによって成り立っているか。そのことを、自分たちがしっかりと受け止め、大きな感謝を表す行事にしようと呼びかけ、以来毎年盛大な行事となって続いている。

虹の家側からの感謝の言葉があり、次いで来賓の胎内市長、胎内市議会議長、新潟県議会議員、新発田市地域福祉事務所長、新発田市公共職業安定所長、株式会社クラレ新潟事業所長などのみなさんから挨拶を受けたのち、利用者たちの劇やダンスなどを舞台いっぱいに演じてお礼の気持ちを伝える。この時は来賓も余興に参加する。後半は乾杯で始まる懇親会。夏の一日の普段とは違った、待ちかねた楽しい日である。この感謝祭は、地域行政担当者はじめ地域の企業やボランティアの皆さんに、虹の家を理解し知的障害者の就労の意義を

虹の家感謝祭（平成24年度）
［上］何が始まるのかな利用者のお礼のアトラクション
［下］家族と一緒に料理を囲む

直接訴える大きな目標がある。

社会見学

日頃、一生懸命頑張って作業をしている利用者に対し、近隣の会社や工場がどんな仕事をして社会に結びついているかを知る見学会である。気分転換のためのレクリエーションを兼ねている。一日を楽しく有意義に過ごすことができる機会を設けて、意欲の向上を期待し、集団行動のルールやマナーを身に着けることも目標の一つになっている。

平成二十六年は五月に製麺工場で小麦粉から麺になって出荷される工程を見学したほか、ハムの製造工場や、大きな洗濯工場も見て回った。どこに行っても大きな見たこともない機械や装置が動いて、製品が流れてくるのを興味深くみつめて、離れようとしない利用者もいた。

とくに虹の家の仕事をうけている企業には何回も見学に行っており、虹の家に来て働くだけでなく、自分たちも社会の大切な一員として働いていることを理解する機会となっている。

入所式

毎年四月に新しく虹の家に入所した人たちのお祝いをするための大事な節目の儀式である。胎内市長、新潟県議会議員など大勢の来賓が出席して、虹の家の第一作業室に全員が集まって新入者を拍手で迎えて始まる。これから共に助け合いながら生活し共に歩もうと呼び掛けて、先輩の利用者のみなさんに紹介し交流が行われる。

保護者総会

毎年四月に実施されている。胎内市吉田市長から市の行政や虹の家に対する考えかたなどの話を聞いたのち、保護者の立場から虹の家の運営に対して話し合い、感謝や要望をよせる。

楽しみのレクリエーション

そのほか利用者が明るく楽しい日々を過ごして、あすもまた働く心と身体を維持するために年間を通していろいろな行事を行ってきている。

親子旅行

年に一度の一泊旅行、利用者たちが一番楽しみにしている行事である。これは旅行を通して社会生活、集団行動のルールやマナーの大切さを学ぶとともに、見学を通して、社会的知識、見聞を広め利用者・保護者・職員相互の交流を深める狙いがある。

利用者がほんとうに楽しみにしているというのは、例えば帰路には、来年はどこに行きますかと聞いてくることでわかる。飛行機で行きたいという利用者もいる。こうした利用者の心を読み取って次年度の計画が進められる。保護者にとっても、いくら年をとっても自分の子どもと旅行できるのは大きな楽しみなのである。

平成二十六年は六月に群馬県の渡良瀬渓谷鉄道と伊香保温泉への旅を実施した。このときは一三〇人が参加し、渡良瀬鉄道では新緑の中の風を全身に受けて走る列車に歓声を上げる。伊香保のおもちゃと人形自動車博物館では、世界の可愛い人形を見て心を癒し、夜は温泉にゆっくり浸かって疲れをほぐした後、大広間にずらりと並んで一緒に食事。ご馳走を食べるのとみんなと話す愉しいひと時をもった。そんな中で保護者と職員との肩の凝らない会話が弾み、カラオケや寸劇なども飛び出し、日ごろ気がつかない利用者の才能を見出すきっかけとなるなど、リフレッシュした二日間になった。

二十七年には、六月に松島湾に行ってきた。松島湾への旅は東日本大震災で延期となってきていた。その間、一二〇万円もの募金活動もしてきていた。それだけに感慨ひとしおで、帰りは復旧した地域も見てきた。

平成25年の親子旅行（会津地方へ）

全施設ふれあいスポーツ大会

身体も心も元気になろう!! 日ごろ作業台に向かって細かい作業を続けているのでこの日には思いっきり背筋を伸ばし走り回る。七穂会の全施設の利用者が一堂に集まり、ダンスや競技を行い精一杯体を動かして日ごろ使わない筋肉にも、活を入れる日でもある。

毎年二〇〇人近い全利用者と保護者やボランティアが集まって、スポーツを楽しむ。借り入れ競争。玉入れ・大玉送りに各チームから声援が飛ぶ。そしてパン食い競争では、笑いと励ましの拍手の渦が会場にあふれる。

施設ごとの対抗戦になると、連帯意識が燃える。そして全施設の枠を外した交流が始まり親睦が深まる。

全施設ふれあいスポーツ大会（平成24年）

忘年会

忘年会は早い年は、雪が降り始める十二月初旬に開かれる楽しい会である。利用者、保護者、職員が全員集まって相互の親睦を深めるとともに、日ごろお世話になっている方たちを招き、一年間の労苦に感謝をするとともにねぎらいのひとときを持ち、きたる年への意欲を養うための楽しいひとときを過ごす。利用者から踊りや歌が余興として飛び出て拍手喝さいの笑いの渦が会場をうめる。

平成二十七年の忘年会は十二月十二日に正午から胎内市の最大のホテルで開かれた。吉田和夫胎内市長をはじめ、新潟県議会議員、胎内市議会議員、株式会社クラレ新潟事業所長など多くの関係者を来賓に招き、七穂会傘下の虹の家をはじめ全分場とクラレ作業所の利用者とその保護者などおよそ二〇〇人が参加し楽しいひとときをおくった。

乾杯のあと余興になると真っ先にサンタクロースの赤い服を着たクラレ新潟事業所長を中心に

[上] みんなで踊る胎内音頭
[左] 吉田胎内市長も踊る

クラレ新潟事業所長のサンタクロース姿

クラレ作業所の二十人のメンバーが「嵐」の曲に乗ってステージでリズミカルなダンスを披露すれば、♪さあさ手拍子輪になって踊ろう――と豆絞りの鉢巻きをして手首に花輪をつけた胎内市長と桐生園長なども加わって大勢の利用者が胎内音頭を踊って大きな拍手を浴びていた。

無心になってリズムに合わせて踊る利用者の顔には、何の疑念もなく笑みを浮かべ、ひたすら手足を動かす姿は、邪気のない神々しさすら漂い感動を呼び起こすものがあった。

今年もよろしく（平成25年の新年会）

新年会

都合で忘年会が開かれなかったときに開催される。新しい年を祝って、健康で安全な日々を送り幸福に満ちた年になるように祈願する。

おせち料理を家族と味わいながら、利用者が年頭の決意を述べ、アトラクションに拍手を送る楽しいひとときである。

中条まつり民謡流しに参加（2015年9月3日）

職員と利用者の打ち合わせ・協力のもとに

この他に中条町の祭りの民謡流しに参加したり、各事業所の全員が一堂に集まって軽い競技を楽しみ手足を伸ばす運動に興じる一日を過ごす四事業所交流会もある。

次ページの年間行事表は、七穂会が発行しているパンフレットに紹介されたものである。実に多くの行事が組み込まれていることがわかる。こうして年間を通して気分をリフレッシュさせる行事が組み込まれていることにより、利用者同士の連帯意識を確認し合い、友情の絆で結ばれる結果となり、明日からの勤労意欲がたかまる。

そのためには職員のピックアップメンバーによる実施委員会を組織して基本構想を打ち出す。行政側の出席を求めるために日程の調整、会場の予約をすすめる。ある程度の形ができた段階で利用者の自治会に呼びかけて打ち合わせ会をもつ。当日の進行の中での利用者の立場を確認し踊りや歌などの演目と実行するタイミングなどを協議する。

その結論をもとに自治会側では朝礼時に計画中のイベントの説明を行い、日常の作業の合間に各自で寸劇や踊りなどアイデアを出し合い準備や稽古に入る。

ときには、それが内々で進められ、当日のサプライズになることがある。利用者の秘めた才能の輝きが発揮されるときである。

［施設の主な年間行事］

月	行　事	施　設
4月	自治会選挙 始業式	全 全
5月	県障害者スポーツ大会 プロ野球観戦	全 全
6月	親子旅行	虹 高
7月	海水浴 商店街七夕夜店出店	全 す
8月	社会見学	す
9月	親子旅行 感謝祭 中条まつり民謡流し参加	す 虹・高 虹・高
10月	ふれあいスポーツ大会 施設交流会	全 全
11月	町村ボランティア祭 町村バザール出店	す 虹・高
12月	大掃除 忘年会	全 全
1月	仕事始め	全
2月	ボウリング大会	全
3月	終業式	全
随時	入園式・退園者激励会 誕生会	全 全

注：(虹)は虹の家、(す)はすばるワークセンター、(高)は虹の家高浜、(全)は3施設共

第4部

かがやけ、虹色の生命

——21世紀の共生社会づくりへ

1の章　福祉に風穴をあけ、トロイカの鈴を鳴らす

クラレ作業所

　虹の家本部棟前の北側の広場。その一角に、幅の広い産業道路に面してクラレ作業所がある。平屋建て五十坪の建物で、株式会社クラレに雇用された知的障害者二十人がクラレ正規の作業服を着て働いている。出退勤をはじめ虹の家の利用者と全く同じ時間のサイクルに合わせて作業を進めている。

　本部棟とは五〇メートルも離れていないので、虹の家の敷地内に建てられたように見えるが、よく見ると舗装の違いが不自然な曲線になって残されている。ここはもともと旧中条町の道路だったところである。中条町が新たに工業団地を誘致したので産業道路が県の事業として整備された。そのために従来からあった町道は産業道路に吸収されるようになり虹の家に接した端の部分の二百坪が使われなくなった。

　虹の家では、そこにグループホーム建設の計画をすすめようとしていたが、結果としてそこに

クラレが五十坪の作業棟を建設し虹の家の利用者が採用されて移行していった。当初は重度知的障害者五人と指導員一人をクラレの社員として雇用してはじまった。その後雇用の拡大を図り、男子十二人女子八人、年齢も二十代から六十代までの社員二十人、指導社員四人の態勢で運営されている。虹の家では二十人の空席ができたので定員枠のために正規の利用者になれなかった知的障害者の新たな就労支援につながった。

クラレ作業所

これこそが、全国初の、行政・企業・福祉の三者が一体となった雇用推進体制の姿であった。このとき、まさにトロイカが鈴を鳴らして走り出したのである。

桐生が園長についた翌年の平成七年十二月の事。虹の家と同じ市内にある株式会社クラレの新潟事業所の若桑昭男総務課長から「障害者の雇用を増やしたい」との相談が持ち込まれた。当時『障害者雇用促進法』により民間企業の法定雇用率は、一・六パーセント――六十三人に一人（三〇〇人以上の企業）となっており、クラレは既に満たしているのにさらに増やしたいというのである。

――以前にクラレ社員の中に障害児がいてわたしが担任したこともあり、いろいろな面でつながりもありました。昭和五十四年に中条福祉作業所を始めた時も、クラレの関連会社小松化成からパラグラスの保安のマスキング紙をはぎ取る作業を受注するなど、常に知的障害者の雇用に協力をいただいてきました。

平成九年までは、虹の家から、一般の企業に雇用された人は一人もいませんでした。何とかして就労させて施設に空きを作りたいと願って、旧中条町の企業にもお願いして廻りましたが、不況の波のなかであり、倒産する会社があったり、海外に進出するなどで、なかなか障害者雇用に結びつきませんでした。そうしたなかで、虹の家にとっては大きな影響力を持つクラレからの協力の申し出に早速相談に応じました。

株式会社クラレは実業家大原孫三郎によって大正十五年（一九二六）岡山県倉敷市に設立され、化学繊維レーヨンの製造を始めた。人工皮革クラリーノをはじめビニロンなど代表的な製品を世に出してきた。面ファスナー・マジックテープはクラレの登録商標である。

資本金八九〇億円、従業員一万四〇〇〇人、全国五カ所に事業所を持つ（二〇一五年）我が国屈指の化学樹脂の生産会社である。なかでも胎内市にある新潟事業所は、一九五九年に大規模な化学工場を建設しMMA樹脂を中心にした化学樹脂を製造し大きな実績を上げている。

官と民、省庁間の矛盾を乗りこえて

クラレ側も桐生も「虹の家の障害者は知的障害者である。化学工場であるクラレでは、些細なミスから大事故になる危険性が高いので最悪の事態を避けるためには、障害者の作業棟は工場敷地外に置かなければならない」という基本認識があった。そのためクラレの工場から離れた社員住宅用の敷地か、虹の家の敷地内に『クラレ作業所』を立てるという案がでた。新潟県の担当窓口では、企業内に社会福祉法人の施設を置くことはできない。国の税金で運営されている社会福祉法人の敷地を企業のために使うことも許されないと、まったく否定された。

これは当然のことであるが、一方では知的障害者の安定した雇用の場を実現しようとするクラレの申し入れを何としてでも実現させたい。

桐生の模索が続いた。と、ひらめきがあった。

「中条町の土地にクラレが建物を建て、町に寄付する。とすればそれは町のものである。その土地建物を社会福祉法人虹の家が借りて運営する」

この発想を基本として桐生は精力的に、クラレの担当者と県の行政の窓口そして中条町との間を歩き細部の問題点を洗い出し調整を続けた。

桐生はその後、この感慨深い体験を自著『そこに命あるかぎり』（二〇一四年・文芸社刊）に書いて広く社会に告知した。

――クラレの本社が県外であるため、『クラレ作業所』が努力して雇用が生まれても、クラレ新潟事業所の雇用率の集計には算入されないという現実もありました。また、『虹の家』の利用者から「クラレ」に就業するケースでは、旧「厚生省」管轄の社会福祉法人『虹の家』の就労移行実績とはなりますが、旧「労働省」管轄の公共職業安定所の紹介雇用実績とはならないという現実も留意すべき点でした。

わたしは、この『クラレ作業所』計画は、無事に実現させることはもちろん、末永く存続させ、機能させ発展させていくことを夢見ていました。そしてやがては我が国の手本としたい。そんな希望もあったのです。そのためには、関係各所から分け隔てなく十分な理解と協力をいただきたいと考えていました。「あちらを立てればこちらが立たず」というのが世の常ではありますが、どちらの立場にたっても一定のメリットがあり、「みんなで支え合い、共に生きている」ことを実感できるような進め方をしたい。そんなやり方がきっとあると信じて考え抜き、交渉を続けたのです。

「クラレ」と「虹の家」が目指したのは、「障害のある方の安定した生活」つまり「毎日の幸せ」

である。クラレは「社会貢献活動の実践によって社会的責任を果たしたい」という強い信念で『クラレ作業所』の実現に向けて真摯《しんし》に取り組んでいた。「ただ法定雇用率を満たせばいい」「障害者雇用納付金（法定雇用数に不足する人数分の課徴納付金）を免れたい」というような発想で軽度障害者の雇用ばかりを進めようとする民間企業とは、全く違っていた。まさに血の通った温かなもので、「世のため人のため、他人のやれないことをやる」というクラレの精神は、前伊藤文大社長の言葉であった。

クラレの決断で計画案まとまる

先述の行政各所からのさまざまな指摘や指導をふまえると、『クラレ作業所』実現のためにクリアーすべき条件は、次のようなものとなる。

「作業所（五十坪以上）を新築し、中条町へ寄付すること」
「重度障害者を十人最終的に二十人を雇用し、専従指導員も必要数雇用すること」
「作業スケジュールや休日、行事等は『虹の家』に準ずること」
「通勤バス一台を新規運行すること」

——どれも、民間企業としては資金面でも管理面でも大きな負担と覚悟が必要とされるものだったと思います。しかし、当時の若桑課長さん、斎藤係長さんなど担当の方々は、前向きに準備を進めてくださいました。クラレの工場長さんも副工場長さんも力を貸してくださいました。本社への提案・審議・承認に至るまでには、並々ならぬご尽力があったことと思います。

翌年の平成八年四月十八日、当時、クラレ本社の人事室労務部長であった伊藤文大（現・代表取締役会長）さんが、わざわざ「虹の家」までおいでくださいました。身体障害者の雇用については当時クラレは雇用率もクリアーしていましたのに、新たな課題としてお話をもちこまれました。

当時「障害者雇用法」では精神薄弱者（現・知的障害者）を雇用する義務はありませんでしたが、雇用した場合は雇用率に加算される規定となっていました。さまざまな条件を熟慮していただいた結果、クラレは「障害者の幸せのためになるのであれば」と、四つの条件すべてを快く受け入れてくださったのです。

クラレ・若桑課長と桐生の最初の話し合いから半年あまりを経た平成八年七月、それまで関係各所の指導を受けながら「クラレ」と「虹の家」とで取りまとめた計画案がまとまった。

『クラレ作業所』計画の概要

①目　的

クラレ――社会貢献活動の一環として社会的要請が高まっている障害者雇用率の向上に貢献し、社会的責任を果たしていきたい。

虹の家――利用者の就業機会が増えると同時に、空いた定員枠に新たな利用希望者をできる限り受け入れていきたい。

②知的障害者の雇用

重度知的障害者を十名程度、クラレが直接雇用する。将来的には十五から二十名程度まで拡大を目指す。

③作業内容

アクリル樹脂板の表面保護であるマスキング紙剝がし作業（樹脂板の端切れなどの再資源化）

④作業場所

『虹の家』隣接地（中条町所有地）に約五十坪の作業場『クラレ作業所』を建設。建設費は約二千万円（クラレ全額負担）。

⑤知的障害者の指導援助

専従指導員はクラレが直接雇用し、『虹の家』が指導援助のノウハウを教授する。通勤用バスをクラレが購入（助成金申請）し、送迎を行う。

⑥その他

『クラレ作業所』社員は『虹の家』利用者との交流活動により、施設や設備の共同利用ができるものとする。作業時間、休日、行事などは『虹の家』に準ずる。

⑦実施時期

作業場建設は土地整備が完了しだい着工（最短完成見通し平成九年七月末）。土地整備費（数千万円）は中条町全額負担。

雇用は平成九年四月より段階的に採用し、『クラレ作業所』が完成するまでの期間は『虹の家』が実習生として受け入れる。

町長の決断が福祉に風穴をあける

この計画案がまとまるとともに、桐生はクラレ若葉課長と中条町役場を訪ね、熊倉信夫町長に計画を説明した。

――計画概要を聞いた熊倉町長さんは、この計画の目的や意義については、もちろん賛同いただいたのですが、やはり「官民の壁」について、指摘されました。

「町有地に民間が建物を建て、その中で民間企業の社員が働くとは……？」

当然の疑問でした。そこでわたしは、あの最初のひらめきをお話ししたのです。

「クラレさんが建てた建物は、中条町へ寄付させていただきます。そうすれば、土地も建物も中条町のものとなります。それを、公設民営ということで『虹の家』へお貸しいただき、運営を任せてくださいませんか？」

熊倉町長さんは、うなずきました。しかし、さらに指摘は続きました。

「『虹の家』へ貸すのはいいとしても、その建物の中で民間企業の社員が働くとやはり問題ではないか……」

というのは町の予算や財産を預かり、公正に運用していかなくてはならない責任者としては、常に「平等・公平」を意識せざるを得ない立場でしょうから、当然ともいえる懸念でした。そんなお気持ちも察しつつ、わたしはこのように説明をさせていただきました。

「それを解決するのが『交流・提携』だと考えています。『クラレ作業所』社員だろうが『虹の家』利用者だろうが、本来は区別や差別などありません。わたしは、運営を任される以上、すべての方々に同じように接し、同じように充実した毎日を送ってもらいたいと願っています。このたびクラレさんは巨額を投じてその場所を作り、たくさんの障害者を雇用してくださる。指導員や通勤バスまで快く用意してくださるというのです。採算など全く度外視しての決断です。ひとつの民間企業がそこまでの熱意と覚悟を持って取り組んでくださっている姿勢を受けてもなお、形式的・外見的な問題にこだわることなど全く意味がないのではないでしょうか。この計画が成功すれば、現実にたくさんの障害者たちが幸せな毎日を送ることができるのです」

熊倉町長は、さらに深くうなずいて、「福祉に風穴を開ける」と、この計画の推進に全面的に協力してくださることになりました。充分な説明がなければ誤解を生む恐れもある計画であり、行政が新しい取り組みを実行しようとするときには常に批判がつきものです。それでも、計画推進に向けて一緒に荒波を乗り越える覚悟をしてくださった熊倉町長さんには、いまも感謝の気持ちでいっぱいです。

三頭立てのソリ「トロイカ方式」

中条町・熊倉町長の賛同も得て、平成九年二月にはクラレ本社の正式な承認も得られ、計画は正式に進められることになった。

——平成九年に工業団地整備のために虹の家の前に産業道路が出来ました。そのために、それまで虹の家の脇にあった町の道路だった土地が全く空きます。その空いた土地に作業所を建築する。それを町から借用して、企業と手を組んで、そこで障害者を雇用し作業をする。虹の家からは指導員を派遣して指導援助を提供する。ということになりました。

法律的に言えば法人施設は、公設民営はできます。土地や建物は市町村であっても経営は法人施設でも良いのです。ですから旧中条町が土地を提供し企業が作業所を建てて町に寄付する。そこで企業が雇った障害者が仕事をする公設民営の形が成り立ちます。これが全国初の「トロイカ方式」なのです。即ちロシアの三頭立てのトナカイが曳くそりです。

このプロジェクトの最大の特長は、「行政」と「福祉施設」と「民間企業」、この三つが、その立場の垣根を超えて共同事業として実現させたことにある。これを桐生は「トロイカ方式」と名付けた。このような取り組みは全国的にみても初めてのことだった。

「行政」中条町——建設用土地の整備・提供、福祉行政による支援→障害者福祉の向上（財政負担は最小限）

「福祉施設」虹の家——障害者の指導援助のノウハウ提供、施設の共用→利用者の就業による空枠へ新規利用者の受け入れ

「民間企業」クラレ——障害者作業場の建設（寄付）、雇用の機会・仕事の提供→専門的な指導援助のノウハウを得て安定的に運営→障害者雇用率の向上により社会貢献の実現

すべては障害者の幸せのために

このように、三者が、提供できるものを持ち寄り協力し合うことによって、それぞれが抱えていた従来からの問題点を改善する仕組みが成立する。その実現の背景には、従来の「縦割り行政の壁」や「官民の壁」が立ちはだかっていた。

「縦割り行政の壁」については、関係各所がそれぞれメリットを享受できるような手続きを進めることで、よりスムーズに協力体制を築いていけるように調整を図った。「官民の壁」についても、法律や制度の主旨をふまえて広く解釈し、その壁を乗り越えることについて、各所より理解を得ることができた。

そのキーワードは「すべては障害者の毎日の幸せのため」である。

クラレ作業所は、運営の基本方針を次のように掲げている。

1、地域に密着した社会貢献活動の一つとして、胎内市と社会福祉法人七穂会虹の家の協力を得て知的障害者の雇用を計る。

2、会社は、社員に対して深い理解と深い愛情をもって支援と援助に当たり、社員の可能性を最大限に生かすことに努める。

3、社員は、社会の一員であるという自覚をもとに、主体性と自主性を持って職務遂行に努力

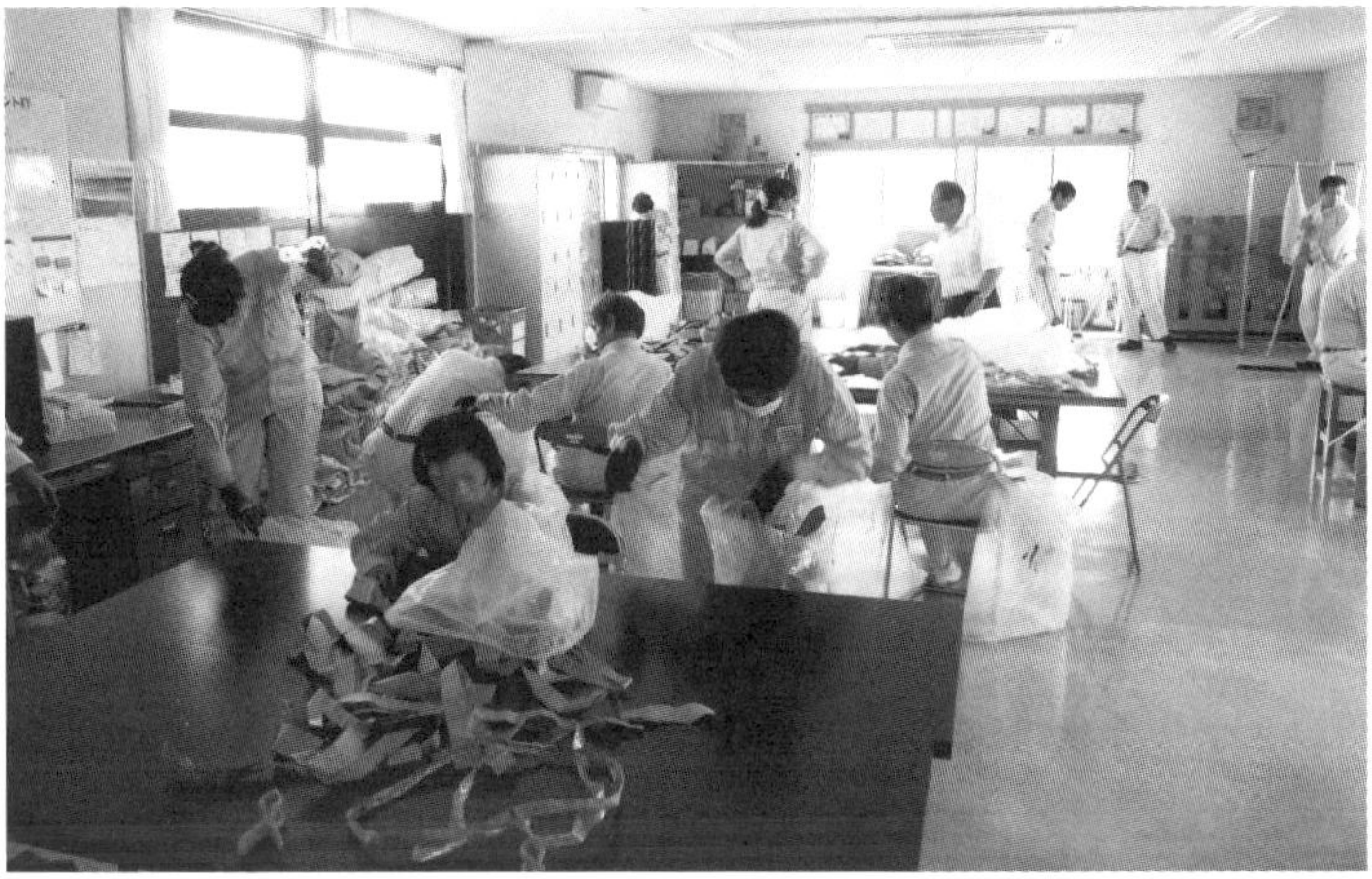

トロイカ方式　クラレ作業所

する。
4、会社は、社員が生きがいのある社会生活を確保するために努力する。
こうしてクラレに雇用される作業所社員は現在は二十人となり、胎内市と隣接する新発田市、阿賀野市、聖籠町と広範囲の地域から通勤している。そのため、会社では通勤バスを虹の家との共同で運行している。

このトロイカ方式は、企業における障害者雇用対策の解決策であり大きな社会貢献事業である。と広く注目され評価された。平成二十一年（二〇〇九）新潟県知事賞を受け、更に平成二十三年厚生労働大臣賞を受賞している。

社員となった知的障害者たちはみな薄いブルーのオープンシャツにズボンというクラレの正規の作業服を着用して大きな誇りを持ち働くよろこびに浸っ

ている。と同時に充実した気持ちで出勤する。家族もまた自立し自律した我が子を喜び、朝いそいそと働きに出る姿を見送るときに感謝の念をいだいている。

桐生自身も、

「クラレ作業所はテレビや新聞にもとりあげられ、県内外からも多くの視察研修に来ましたし、当時の代表取締役だった和久井康明さんや伊藤文大さんはじめ、多くの役員の方が新潟へおいでになるたびにクラレ作業所や虹の家に来てわたしたちを励ましてくださいました。このプロジェクトに関わったすべての方々が、この最終目的のために気持ちをひとつにしてくださった結果であると、改めて感謝の気持ちでいっぱいです」

と感慨を漏らしている。

2の章　『虹の家』には障害者はいない

虹の家で桐生は、利用者中心の運営をしてきたので今は誰一人生活や作業に不適応を起こす人はいない。独創的な市場価値のある陶芸作品を作っているT君のように作品が完成すると事務室まで持って来て園長に見せる利用者もいる。虹の家にはこころの障害者は一人もいない。と桐生は常に言う。みんな自分の命をどう生きていくか。そのことを大切にした人たちなのである。こころの豊かな人は、こころの貧しい人よりはるかに人間としての価値がある。と桐生は確信している。

——虹の家では利用者も、職員もすばらしい。人間が本来もっている人間のこころは善である。このことは利用者によって本当に教えられます。自分流儀でやっても、それは本当の実践にはつながらないのです。ああでもない、こうでもないと言っていてもそれは空論でしかないのです。

利用者同士で重い障害をもつ利用者には優しい言葉をかけながら必要以上に手をかしてやる。男の子であろうが、女の子であろうが必要以上に手をかしてやる。決して相手の人格を傷つけるようなことはしない。女の子は自分よりも少し年上の、あまり言葉がでない重い障害の男の子をわが子のようにかわいがっている。バスに乗って帰るときでも優しく声をかけて手を引いて一緒にバスに乗って帰る。また、重い障害の女の子を自分の子どものように、歯磨きまで世話している五十代の男性もいる。そこにはすばらしい輝きを見せる人間同士の触れ合いがある。

「受け止める」ことを基本に

――虹の家の運営方針を見ますと、人格と自主性の尊重ということがはっきりとうたわれています。前にも言いましたが、わたしが来たときは、まだ発足してから五年しかたっていません。若い職員が多かったこともあってまだこの方針を充分に理解していない職員もいました。そこでわたしは赴任するとまず、毎週職員研修を義務づけました。

利用者一人ひとりの大切な命をどう守るか。命を大切にし、生きがいのある人生を送らせることが大切です。そこで、利用者の支援にあたる職員に、『理論なき実践は我流である。実践なき理論は空論である』こういうことを最初から訴えたのです。

利用者が育てる野菜を見る桐生園長

利用者が喜んで虹の家に来るためには、利用者中心の運営を行うのは当然ですが、わたしたち職員は利用者にどのような指導、援助をしたらよいか。それは、職員が常に利用者の立場にたって利用者と共にあることです。そのためには一人ひとりの利用者を温かく受け入れることです。それにはまず、あるがままを受け止める、相手の立場に立ってあたかもわがことのように受け止めることです。これを受容するといいます。そのためにはまず、相手の言うことを聴くということが大切です。どんな小さいことにも耳を傾けることです。

利用者の中には切ない思いをして生きて来た人たちが多くいます。そのこころをあたかもわがことのように受け止めて欲しいと望んでいます。それを共感的に理解するためにそれに誠実に接することです。

素直でまじめに生きている利用者たちですから、

利用者に嘘をついてはならないのです。自分が命をもった、人格を持った一人の人間であれば、相手も命を持った、人格を持った一人の人間なのです。だから相手も命を持った、人格を持った大切な人間として受け止めるべきなのです。

自分本位に考えて、あんたが悪い、あれが悪い、これが悪い。そうしなければだめだ。こうしなければだめだと断定してはならないのです。それでは相手の命や人格を尊重することにはならないのです。だから相手のことを人間として受け止めること、このことを基本に研修していこうといって進めてきました。

利用者によって育てられてきた

――利用者の中にはわたしは生まれてこなければ良かった。家の人から死んだほうがいいといわれるなどと、投げやりな言葉を言う利用者もいました。そこまで言うこともできなくて、まったく話すことさえ出来ない利用者もいました。三度の食事も与えられなくても文句一つ言うこともできない利用者もいました。親子心中まで考えたという人もいました。

わたしはよく親や家族に拝まれました。養護学校に入るときも、出たときも、ダウン症の子どもを持つ子の両親が玄関前に出てわたしを拝んでいたのです。また、中学校を卒業したが働くところもない子どもの祖母が、うちの甲斐ない子を車で送り迎えまでしてもらって働くことができる、といって声を出して感激の涙を流して拝んでいました。別にわたしが何をしてきたわけでもないのです。お手伝いをしてきたにしか過ぎないのです。

問題を持つ子どもを受け入れると子どもは喜んで通ってきます。一緒に付き添ってきた母親は、虹の家の玄関先で土下座をするようにして、お願いします、お願いしますと手を合わせて拝んで帰ります。

企業を離職し家にいる子は、昼、母親が仕事に出ていないと、問題行動を起こす。そこで母親が勤めを辞めて家にいると、夜中に起きだして問題行動に出て、朝は何時になっても起きてこない。父親はたまりかねて寝ている布団をはがしバケツの水をかけて起こした――。そんな体験をもつ子どもも私は受け入れました。するといつしかほかの利用者と同化して、楽しく作業をしているようになりました。父親から私は救世主だという感謝の手紙をいただきました。

ここで桐生が言及している「(桐生は)救世主だ」という父親からの手紙、それとあわせて利用者からの手紙を紹介する。

〈(前文省略)先生様に初めてお会いしたのは、昭和四十八年でした。その後、昭和五十五年私の家に訪ねて下さいましたのが、私どもにとりましては「救世主」の現れで、ありがたく思っております。寺泊「コロニー」を、本人の強い意志で退所、その後就職をしましたが、人間関係が折り合わず、また転々としていました。先生様のおかげで中条福祉作業所にお世話になったのです。その時、園長先生様は、中条中学校の先生で、親の会の結成、施設誘致運動や施設建設の成果で、私ども他町村の者も安心して幸せな毎日を過ごしております。園長先生様、健康であられる限り頑張ってください。〉

（平成二十年　父親より）

〈（前文省略）園長先生がいいからですよ。園長先生がいいからみんな喜んで集まってくるんですよ。園長先生がこの仕事を大切な仕事と認識し止めずに、最後まで、全うしたから成功したのですよ。園長先生が行き場のない私たちに光を当ててくださって愛してくださっているから、私たち利用者は幸せに生活出来ているのですよ。世の光になれたのですよ。園長先生はいっぱい自分自身をほめて下さい。ありがとうございます。電気部品作業も、陶芸でコーヒーカップを作るのも、クーラーボックスの組み立て作業も、みんな大好きで楽しいです。本当にありがとうございます。〉

（平成二十年　利用者から）

「この子らは世の光なり」

――今は障害を持っていても学校に行くのも働くのも当たり前になってきましたが、特殊学級を持ったころは入組勧誘にも歩きました。夜こっそりと行きますと電気も消されました。卒業させたくないといって泣く親もいました。そんな生活を体験してきたのです。わたしは利用者や保護者によって悲しみや喜びを体験し人間教育を受けてきたのです。人間は出会いによって決まるといわれますが、まさにその通りなのです。

よい人と出会うか、悪い人と出会うか。自分も人間であれば相手も命を持った人格を持った一人の人間です。そのことを忘れてはならないのです。優秀な人間と関わることは大切ですが、重い障害を持つ人や、問題を持つ人に本気で関われば関わるほど、自分も人間的に育てられていくのです。このことを研修会ではいつも言ってきました。知的に障害を持つ人でも、人格を持った一人の人間として関わることによって、自分自身も育てられていくのです。そうすると、職員も変わってきます。

――よいことは進んでやる。それを禁止してはならないのです。その温かい人間的なこころを大事にしていくことが大切なのです。小さな親切運動ということもありますが、どんなに小さなことでも親切にしていきましょう。今は他の入所施設にいる利用者ですが実習にきたときに、「園長先生、お墓に入ってもわたしのことを忘れないでください」といって抱きついてきた女の子がいました。正直に生きている利用者なのです。こころの中から命を生きることの大切さを訴えているのです。

わたしはもう四十六年間この人たちと生活を共にしてきましたが、いまだにこんなに素直で、正直で純真な心になれないのです。

戦後、近江学園を作り、知的障害者の父といわれた糸賀一雄先生は「この子らに世の光をではなく、この子らを世の光に」という言葉を遺して五十四歳という若さでこの世を去りましたが、まさにその通りなのです。また伊藤隆二先生は「この子らは世の光なり」といいましたが、単なる人間という抽象的な言い方ではなく、この子らという。この子らの生まれながらにして持っている素直で純真な心を世の光であるといっています。

思いやりというのは、相手の立場に立って、相手のこころの痛みを、あたかもわがことのように受け止めていくことです。それを行動に移していくことです。相手と共にお互いに仲良く暮らしていく共生社会を作っていくことが今一番大切なことだと考えています。

真の共生社会へ

――平成二十八年四月「何人も障害者に対して、障害を理由として差別することその他の権利利益を侵害する行為をしてはならない」と明記した『障害を理由とする差別解消の推進に関する法律』略称『障害者差別解消法』が施行されました。すべての国民が障害のあるなしによって区別されることなく、相互に人格と個性を尊重しあいながら共生する社会の実現に向けて、さらに動き出しました。

虹の家ができてやがて三十年になりますが、誰もが今日もきてよかったと言います。利用者が虹の家に来て充実した一日を過ごすということは、今を生きるということです。命が一番大切ですが、人間として生まれてきたその命を、どう生きるかがもっとも大切なのです。

今を生きている、ということはすばらしいことです。今日という日は二度とないのです。昨日の自分と今日の自分は違うのです。明日もまた違うのです。ですから、人間は変わる存在なのです。だから目的をもって今を充実して生きるということが最も大切なのです。

――一日一生という言葉を内村鑑三は言っていますが、誰もが今日もきてよかったということはそのことを言っているのです。自分ではどうすることもできない障害を背負って生きている人たちもいるのです。生きるという事は大切なことなのです。ですから虹の家では自治会が中心になり、毎月誕生会をやっています。誕生会ではその月の誕生者に園長がお祝いの言葉を述べますし、利用者からの贈り物や一人ひとりのお礼や感謝の言葉があり、記念写真を撮ります。

アフリカのために生涯をささげたシュバイツァー博士は、人はどんな環境にあってもその人が幸せだと思える生活ができる人は幸せだといっていますし、松下幸之助さんは、人生の成功者はその人が幸せだと思える生活をした人であるといっています。

利用者の中には、亡くなった人も何人もいます。虹の家に喜んで通うことができた。幸せだったと親は言います。普通の親ならわが子に先立たれることは切ないはずなのですが、子どもを先に送ってから、安心して死にたいという親も多くいます。年をとり亡くなっていった親もいますが、亡くなる前には子どもを一緒につれてあの世にいきたいといって亡くなった親もいます。それほど親子の愛情は深いのです。

3の章　かがやけ虹色の生命

虹の家の愛唱歌

日々の朝礼などで歌われる「虹の家の愛唱歌」は桐生の作詞である。愛唱歌の意味は利用者に繰り返して説明し実践されてきた。自治会でも、各委員会での月々の目標にも取り上げてきたし、愛唱歌に歌われている内容は虹の家では生かされている。

一、今日も明るく元気よく
あいさつ　返事　ありがとう
心はいつも清らかに　励ましあって虹の家

挨拶もしないで来る利用者や職員は一人もいない。外来者が訪ねると、出会った利用者から大きな声で挨拶をされて驚き、慌てて言葉を返すことがよくある。

ありがとうも言えないような人は虹の家の利用者ではない。言葉のうまくできない利用者は心であいさつをする。虹の家ではあいさつをしない人は一人もいないのである。

みんなが楽しく生活ができるようになると言葉は変わってくる。したがって言葉は生活が変わらなければ変わらないのである。

二、みんな仲良く手を結び

威張らず　怠けず　助け合い

働く喜び生み出して　自立を目指して虹の家

威張る人がいては人間としてそこに区別、差別がうまれる。そんなことは虹の家ではありえない。お互いに仲良く助け合って、自分の力を発揮して、働く喜びを生み出している。

自立を目指して虹の家。自立というのはただ仕事ができて経済的な自立のみを意味しているのではない。精神的な自立をも求めている。

重い障害を持っていても働ける人は目的を持って働く、そこに喜びを生み出すことが大切なのである。単に仕事ができる、できないと比べることではない。

三、いつでも　笑顔で　声かけて
多くの人に愛される
奉仕の精神　忘れずに　光となろう虹の家

多くの人たちが虹の家に視察研修やボランティアにくると、心が洗われるという。光となろうとは、利用者の持っている素直で真面目で純真な精神（こころ）が世の中の光になっているということである。光というのは、仏教では一隅を照らす光であり、キリスト教では闇をも照らす光をいっている。虹の家に来て利用者と一緒に作業していると、心が洗われるといわれるのは、今日の荒れた社会の中で、虹の家の利用者の純粋性こそが世の光だということである。

母の言葉を次の生命につなぐ

桐生は障害者と健常者が共に生きる社会のなかにノーマライゼーションの理念を大きく育て、豊かな心で明日を生きる場を求めてきた。その成果が『虹の家』にある。

八十歳に達した桐生は、改めて母に感謝をささげている。

教師の道に導いてくれた母の助言は何物にも代えがたい強い力を持っていた。だからこそ山村の子どもたちの心の底に秘められていた輝きを見出す機会を得た。そして母の励ましがあったからこそ多くの知的障害者の心に埋もれていた才能を掘り出し、働く喜びと明日への希望を与えてきた。

人はだれでも、どんな人でも輝く命を持っている。と教えた母の言葉から桐生自身も間違いなく自分の心に、自分のいのちに、輝きをもたらして生きてきたことに今、感謝をしている。

母から与えられた強い肉体、育んできた健全な心。清らかに生きる知的障害者の心と姿に感動する豊かな感性を持ち、時には涙する純粋な気持ちを備えた人間性溢れる人になることができたのである。

知的障害者を愛情あふれる心で包み込むおおきな包容力と豊かな感情を備えた桐生の中に偉大な母の姿をみいだすことができる。

『教員時代、二十四年間にわたり、特殊支援学級を担当し、定年退職後も、二十二年間自ら障害者授産施設の園長となり、更に施設を新設、現在では一〇代から七〇代まで二〇〇人の働く場を整備して、喜びと生きがいを与えてきている。教員時代から現在までかかわってきた障害者は全部で四〇〇人になっている。

知的障害者の社会参加のために、一人でも多くの人に働く場を提供し、障害者雇用への理解を得るために尽力してきた。』

毎日新聞社社会事業団は、全国の社会福祉関係者及び団体から、優れた業績を上げ、社会福祉に貢献している個人・団体を三件選び毎年顕彰している。平成二十六年第四十四回の毎日社会福祉顕彰該当者に桐生清次は選ばれた。右の言葉はその表彰状の一節である。

同年十月八日、東京千代田区の皇居のお堀を見下ろす毎日新聞社東京本社で受賞式がおこなわれ、社会福祉法人七穂会・理事長で虹の家園長・桐生清次は朝比奈豊同社社長から、表彰状と記念品を受けとった。

桐生の半生は広い砂浜に埋もれた砂鉄を探し出し、たたらを踏んで銑鉄を作りだすような報いの少ない労の多い道であったが、生み出された玉鋼は力強い大きな働きをするように、半世紀にわたって知的障害者・児に、働く笑顔を贈り、心に虹を掛け、明日への期待の光をともしてきた桐生清次の、知的障害者を愛し、秘めた才能に光を当てる歩みはさらにつづく。

知的障害者に教えられたこと、思うこと

――知的障害者の皆さんとの出会いと歩み

桐生　清次

私の半生を本にする話が出るまで、私は立ち止まったり後を振り返ることもせずに歩んできました。その都度、その時々に作った書類や報告書が溜まって段ボール箱に、幾つもいくつも、車庫の棚に残されていました。膨大な資料です。

開いてみると、その当時の私の考え方や状況が生々しく浮き上がり、その懐かしさに浸り、当時の日々が感動的によみがえってきました。思い出の中で過ごし気がつくと長い時間がすぎていたことが何度もありました。

知的障害を持った人たちとの出会い、この人たちと共に生きてこられたことは、私にとって大変ありがたいことです。人間として生まれてきたいのちを、その人なりにどう幸せに生きるか。

人の生を受けるは難くやがて死すべきもの　今いのちあるはありがたし（法句経一八二番）

人間はみな生きものの命をいただいて生きている。人間は自分一人では生きていくことはできないのです。

私の接した知的障害を持った人たちは、実にこの人たちほど正直に生きている人たちはいないのです。人間として関われば関わるほどお互いに人間的に育てられる。そのことを教えられました。

私はこの道を歩んで半世紀になりました。昭和四十五年、知的障害児の学級を担当しました。担任した時は一年から三年まで一緒で子どもたちは十二人もいました。一年目は、担任した子どもたちから、「先生は、ばかだ、ばかだ」と言われました。わたしは子どもたちを十分理解していなかったからです。

理科の時間でした。「人間は何を吸って何を出しますか」。みんなが手を上げました。「空気を吸って空気を出す」とかえってきた。「違いますよ。人間は酸素を吸って炭酸ガスを出す」と教えると、子どもたちはみんなで、「今の先生は、馬鹿だ。馬鹿だ」と言うのです。人間は空気を吸って空気を出すのに、今の先生は、酸素を吸って炭酸ガスを出すという、本当に馬鹿だといって笑ったのです。

子どもたちには、酸素、炭酸ガス、そんな言葉は聞いても理解できないのです。私はどうしてだろうと考えました。また、みんなで花壇を作り、当番を決めて水をくれることも決めたことがありました。そうすると雨の降る日でも、当番の子どもは花壇の花に水をくれていました。

私は今までの知識中心の教育を考え直しました。この子どもたちの教育について考えさせられました。そして、人間としての正直な生き方の大切さを、この子たちによって教えられたのです。担任して二年目からは教え子たちは私をばかにしなくなっていきました。むしろ私に心を開いてくれるのです。みんなは何か困ることがあると私を頼りにしているのです。私が少しでも具合が悪いと言って休むと、心配してくれる。ばかにされても、ばかにすることのできない、正直に生きている子どもたちなのです。

子どもが変わると親も変わってきました。保護者もまた家に馬鹿な子がいる。家の恥である。学校で特別学級に学んでいることなど隠しておく時代だったのです。

人間は一人ひとり違っていて当たり前なのです。人間的かかわりによって自分も人間的に変わる存在なのです。正直に生きている人たちの心を大事にしていく。そのことを教えていただきました。

私は何といってもまず、人格の基本である感性を育てることに本気になって接していくことにしました。正直に生きているこの子どもたちの生き方を、世の光として生きたいと考えたのです。生まれてきた命を大切にすることを本気で考えたのです。

人間として生まれてきた子どもの命を大切に生きていく。親の会を作りこうした子どもたちもすべては幸せな人生を送らせてもらうことを本気になって考えたのです。

私も最初は、普通学級を担任し、数学・英語の教科を教えていましたから高校進学のための知識中心の教育に本気になってきたのですが、この子どもたちを担任して教育者としての生き方が大きく変わったのです。人間としての生き方を子どもたちや親たちによって教えられたのです。


虹の家ができると、家にもぐっていた人が多く来ています。中条福祉作業所のときから、現在の虹の家に移り三十年もよろこんで働いてきていた五十歳以上になる男性が、病気にかかり亡くなった時に、両親はもう八十歳を過ぎていましたが、

「家の子は長い間、虹の家に毎日喜んで行き、とても幸せでした。私たちも安心して、もう何年かたつとあの世にいかれます。」

保護者の中には、「自分は大変な病気で長く生きられないので、わが子を連れてあの世に行きたいが、そうはできません。先生頼みます」。そういって亡くなった親もいます。先生は越後の慈父さまだ。救世主だ。と私を拝むひともいました。


何時しか私は知的障害を持った人たちの気持ちで社会を見るようになってきていました。障害者の生きる姿や、弱者のために自らを投げ出して救済活動をする人たちに心ひかれました。私は

文章を書くことは苦手ではありませんので、それらを題材にして幾つかの本を書きました。

日本のマザー・テレサといわれた尼僧の生き方、困る人たちと本気になって関わり、雨の日も風の日も、托鉢して歩き七十人も里子を育てた木村霊山尼。企業を起こして、親にも捨てられた知的障害者や精神障害者の命まで預って作業を提供し、お墓まで作ってきた渡辺とくの生き方。

そして三味線芸を身に付けた盲目の女性の旅芸人、瞽女《ごぜ》の小林ハル。今とは大きく時代も違いますし、差別と偏見の社会でしたからこの人たちの生きる道は大変だったのです。

小林ハルの言葉――

「次の世は虫になってもいい　明るい目をもらって生きたい」

「よい人と歩けば祭り　悪い人と一緒は修行さ」

木村霊山尼の言葉――

「辛いと思ってはだめなんだ　当たり前だと思っていれば　何のことはない」

渡辺とくは――

「夕日のように真っ赤に燃えて沈み、翌朝は朝日のように昇り、明るく輝いてこの世を照らしたい。そして困る人のために生涯を奉げたい」

こう言って、九十四歳で亡くなるまで、障害者に自らの生涯をささげたのです。

これらの体験談は、教育の現場にあって、人間の生き方を普通学級の子どもたちに話して聞かせ、障害者の理解に結び付ける絶好なものとなりました。

どんなに医学が進んでも必ず知的障害児は生まれてきます。医学が進んだために、助からなかった子どもが今は生きられる時代です。そのために新しい障害児が増えています。

障害をもつ子と優秀な子ども、その二人の命の重みはどちらが重いかと尋ねられたとき、一般に人は、それは優秀な子どもの命が重いと答えるでしょう。しかし生みの親になってみれば二人の命の重みは変わりないのです。むしろ障害をもつ子どもほど親は命をかけて育てているのです。

そのことを忘れてはならないのです。


人間は年を取ったから老人ではない。理想を失ったときに老人となる。という言葉があります。

「この子らと共に学びつ働きて、教師の務めもおわりぬる」

私は還暦を過ぎてもう二十二年となりました。

「この子らとともに行きつつ働きて　わが人生は傘寿（八十歳）を過ぎたり」です。

ありがたいことに、「先生、健康でこの子たちのために、私たちのために頑張ってください」と保護者や利用者によく言われます。「年を取っても働けることは幸せですね」と言ってくれる方もいます。ありがたいと思って感謝しています。命は自分だけのものではないのです。生かされて生きている命を、みなさんのおかげでお役に立つことが出来る事をありがたく思っています。

私自身も知的障害者とのかかわりの中から生きる力をさずかってきた半生でした。この体験がなければ、一介の教師として終わったことでしょう。こうして今ふり返ったとき、私に豊かな心をもたらしてくれた知的障害者のみなさんに感謝をする思いで胸中が熱くなります。

最後に一言。近代日本の精神史に偉大な足跡を残した内村鑑三先生は、『後世最大の遺物』という本の中で次のように言っています。

「我々に、後世に遺すものは何もなくても、後世にこれぞというて遺すものはなにもなくても、あの人はこの世の中に生きている間、真面目なる生涯を送った人である、といわれるだけのことを遺していきましょう」と。

あとがき

平成二十八年四月二十五日、最高裁は被告がハンセン病患者だったために隔離施設で裁判を行ってきたことは違法だったと認め、誤った運用が患者への差別を助長し人格を傷つけてきたと謝罪した。それに先立つ同月一日から「障害者差別解消法」が施行された。この法律はすべての国民が障害の有無によって分け隔てられることなく、人格と個性を尊重しあい共生する社会の実現を目的としている。この二件は逆に言えば、それまで多くの人たちが偏見のもとで差別を受けてきたことを物語っている。

本書に登場する知的障害者と言われる人たちも、多大な差別偏見の対象となってきた人たちである。しかし、それらの人たちは大きな才能を持ち輝くひとみの持ち主であることを見出した多くの賢人がいた。その一人が桐生清次氏である。

桐生氏は、三味線芸を身につけた盲目の女性の旅芸人・瞽女《ごぜ》の研究家でもあった。筆者は、最後の瞽女と名付けた小林ハルを徹底的に検証していた二十年ほど前に桐生氏に出会った。筆者は同じ方向を歩むもの同士として情報の交換を軸に交流を続けているうちに氏の別な一面を知った。

桐生氏は、障害者に働く喜びを提供する歩みを続けていた。

桐生氏は教員になった初任地が県境の山村の小学校だった。そこで見たものは明るさと心の強さをもつ子どもたちの天真爛漫な姿だった。氏にとってその純真な子どもたちの生きかたが、眞の理想的な児童の姿になった。

いわばその後の桐生氏は、山村で見た理想像の子どもを育てることであり、かけがえのない命に輝きと生きがいをもたせることが、教師の務めであるという命題を持った。それは学問的な知識の提供だけでは済まされない問題だった。卒業すれば教師から離れる子どもたちを保護者と一緒になって生きがいを持たせるために、卒業後の働く場を提供する運動を推進してきた。知的障害者を救った慈父だと手を合わされ、感謝の涙で拝む保護者たちの安堵の声に励まされてきた。

「障害者差別解消法」にあるノーマライゼイションの理念の実現を願って半世紀も前から続けてきた桐生氏の体験が、知的障害者と言われる人たちの雇用問題の推進につながることを願って本書の執筆をはじめた。

膨大な記録と資料が残されていた。それが本書を書かせる大きなモチベーションになった。その資料の読み取りからはじめた。

そこには、桐生氏の知的障害者（児）に寄せる「大きな愛」があった。障害者たちを完成した一人の人間として、平等な立場の人間に育てあげて社会に送り出すための努力と願いが、書き残されていた。あの山村で見たひとみに輝きを持たせるために何をすべきか、桐生氏の自問をくりかえす姿があった。

貴重な体験と考え方を追いながらその間たびたび、虹の家に通い、氏の初任地だった現在の阿賀町にも出向いた。本書の執筆を始め一年半を費やした。

日々進展する虹の家の現状を書き込むために、変更や追加がしばしばはいり確定原稿をさらに変更するなど出版をしてくださる鉱脈社にご迷惑をおかけした。筆者の能力と判断力の乏しさが深い思想を持つ桐生氏を描ききれずにいたとき、編集に当たっていただいた川口敦己社長の助言、指導、同社社員の皆さんの辛抱強い熱意に助けられて本書がまとまった。

虹の家の利用者と職員の皆さん。株式会社クラレ新潟事業所、阿賀町教育委員会と総務課そして笠原悦子さんなど多くの皆さんのご協力を頂き上梓にこぎつけた。この紙面を借りて深く感謝申し上げる。

障害者を取り囲む昔からの言葉をはじめ、現代では使用するのに躊躇する言葉がある。言葉は日々変化し社会の認識も変わる。障害者、障碍者、障がい者、…どの言葉も使いたくないが、あえて障害者の文字を使用した。さらに本書では、時代の姿を表記するために使わざるを得なかった文字もある。ご理解をいただくことを願うものである。

八十路を歩み始めて早や半ばを越したいま、すべてが衰えていくのと日々折り合いを付けながらの生活の中、春遅く山形県の西置賜地方に県指定の天然記念物・千年を超すといわれる古典桜の五点を含めて十指を越す古木が点在する置賜さくら回廊を訪ねた。太い幹が空洞化し支柱に支えられながらも、若々しい枝を広げ満開の花をつけていた。老いた己に鞭打たれる思いで感動した。

せめて老いた桜を見習って加齢にめげずに華麗に生きたいものである。

平成二十八年　輝きを増す緑の若葉に癒される日

著者略歴

川野　楠己（かわの　くすみ）

元ＮＨＫチーフディレクター
瞽女《ごぜ》文化を顕彰する会　発起人・理事
琵琶盲僧永田法順を記録する会　元代表

昭和５年（1930）東京生まれ。　昭和27年（1952）ＮＨＫ入局。　平成２年（1990）定年退職。その間の25年間『視覚障害者向け』のラジオ番組の企画制作を担当。日本の伝統音楽を支えた視覚障害者の活躍に注目、瞽女や琵琶盲僧をテーマにした番組を数多く制作した。

文化庁芸術祭ラジオ部門で昭和40年文部大臣奨励賞、昭和51年文部大臣優秀賞、昭和61年文部大臣芸術作品賞など３回、放送文化基金賞２回を受賞。国際コンクール、イタリア賞、日本賞にも出品した。

退職後は瞽女と琵琶盲僧の検証と顕彰をする組織を立ち上げ取り組んでいる。

平成９年には『今を生きる琵琶盲僧・永田法順の世界』『最後の瞽女小林ハル96歳の絶唱』のCDを制作し自費出版した。２年後には『仏の里の琵琶法師髙木清玄』もリリースした。

退職後の主な表彰
平成８年（1996）厚生大臣表彰 ― 障害者の自立への援助に対し
　同19年（2007）第１回塙保己一賞・貢献賞
　同20年（2008）第５回本間一夫文化賞
　同21年（2009）平成21年度社会貢献者表彰
　同26年（2014）第51回点字毎日文化賞受賞

主な著作
『人と業績～盲先覚者の偉業を訪ねて』（文月会刊 昭和59年（1984））
『聞き書き・箏曲家中塩幸裕伝』（箏曙会刊 平成元年（1989））
『琵琶盲僧永田法順 ― 現代に響く四絃の譜』（NHK出版刊 平成13年（2001））
『最後の瞽女小林ハル ― 光をもとめた105歳』（NHK出版刊 平成17年（2005））
『日向の琵琶盲僧・永田法順（CD・DVD・写真）全集』（共著 アドポポロ刊 平成17年（2005））
『最後の琵琶盲僧　永田法順』（鉱脈社刊 平成24年（2012））
『瞽女　キクイとハル ― 強く生きた盲女性たち』（鉱脈社刊 平成26年（2014））
その他多数

みやざき文庫119

きみに働ける喜びを

知的障害者通所就労支援施設・虹の家園長 桐生清次の歩みと思想

2016年７月１日 初版印刷
2016年７月15日 初版発行

著　者　川野 楠己

発行者　川口 敦己

発行所　鉱脈社
宮崎市田代町263番地　郵便番号880-8551
電話0985-25-1758

印　刷
製　本　有限会社 鉱脈社